DIE NEUE BREHM-BÜCHEREI

651

Nistkästen und Vogelschutz

im Wandel der Zeit

1. Auflage

Gerhard Föhr

Die Neue Brehm-Bücherei Bd. 651
Westarp Wissenschaften · Hohenwarsleben · 2005

Mit 11 Grafiken, 35 Schwarzweiß-Abbildungen und 33 Farbfotos

Abb. 1: Wirtschaftlicher Nutzen am Beispiel eines Meisenpaares. (Grafik: Abdruck aus einem Prospekt der ehem. Fa. SCHEID-PARUS).

Titelbild: Gartenrotschwanz am Nistkasten. (Foto: R. GROß).

http://www.westarp.de

Satz und Layout: Gabi Severin

Vorwort

Der Begriff Vogelschutz entstand aus dem Gedanken heraus, Schädlinge in der Land- und Forstwirtschaft auf natürliche Art und Weise zu bekämpfen, indem vermehrt Vögel in Nistkästen angesiedelt werden. Auch der Schutz der Vögel vor Nachstellungen zählt dazu. Die Begründungen für den Vogelschutz, die ethischer, erkenntnistheoretischer, ästhetischer, aber auch wirtschaftlicher Art sein können, zielen alle auf die Erhaltung der Artenvielfalt ab, wobei selbst die wirtschaftlichen Gründe dieses ökologische Ziel als grundsätzliches Hauptanliegen beeinhalten. Heute steht dabei auch der Biotopschutz gleichrangig neben dem Artenschutz.

Bis zum Erscheinen dieses Vogelschutzgeschichts- und -praxisbuches sind schon etliche Werke zum Fachgebiet Vogelschutz und Nistkästen herausgebracht worden. Jedoch befasste sich bisher noch nie ein Autor so umfassend mit deren Geschichte. Der Hauptteil dieses Buches soll die Entwicklung der Nistkästen im Wandel der Zeit aufschlüsseln, welche heute als unerlässliche Hilfe der Natur nicht mehr wegzudenken sind. Ebenso soll es jedermann mit etwas handwerklichem Geschick Ansporn zum praktischen Vogelschutz geben.

Ohne unsere immer mehr bedrängte Vogelwelt gäbe es für uns Menschen keine Überlebenschance, da Vögel wie Fledermäuse wichtige Faktoren der natürlichen und biologischen Schädlingsbekämpfung sind. Nach dem neuesten Stand (3. Gesamtdeutsche Fassung vom 8. Mai 2002) sind mehr als die Hälfte aller 254 heimischen Vogelarten in der BRD gefährdet. 16 Arten sind schon ausgestorben, 26 Arten erscheinen vom Aussterben bedroht und stehen ebenfalls auf der »Roten Liste«. Ebenso sind auch alle 21 in der BRD vorkommende Fledermausarten stark bedroht. Jede achte Vogelart unserer Erde ist heute in ihrer Existenz gefährdet. In nüchternen Zahlen ausgedrückt sind es 1 211 von 9 917 Vogelarten weltweit. 179 davon stehen bereits unmittelbar vor dem Aussterben (laut BirdLife International vom Oktober 2004). Je nach Vogelart sind in der heutigen hochmodernen und technisierten Welt weitere Gefährdungsursachen nebst der Zerstörung von Lebensräumen dazugekommen. Viele Vögel sterben durch den Verkehr, Umweltgifte, Ölverschmutzung in Gewässern aller

Art, Verdrahtung der Landschaft (Stromtod), Störungen durch den Menschen mit seinen Freizeitaktivitäten und die modernen Glasfassaden, an denen sie sich qualvoll das Genick brechen. Aber auch durch Jagd und Fang, sowie durch Haltung und Handel entstehen Verluste. Immernoch werden Eier und Junge aus Nestern entnommen und im Ausland zu hohen Preisen verkauft. Viele Vogelarten suchen die Nähe der Menschen und brüten am Haus. Wegen einer geringfügigen, dadurch auftretenden Verschmutzung werden z.B. Schwalbennester abgestoßen, obwohl ihr Bestand stark abnimmt und sie seit alters her als »Glücksbringer« fürs Haus betrachtet wurden.

Vogelschutz war schon immer nur als ein Teil des Naturschutzes zu verstehen. An oberster Stelle der Bedingungen für den Artenreichtum steht der Lebensraum, welcher auch genügend Nahrung für die Vögel bietet. Besonders unsere Höhlenbrüter haben es schwer, noch natürliche Höhlen (z.B. in Bäumen) zu finden. Nistkästen sind eine wichtige Ergänzung zur Ansiedlung und Vermehrung, und damit auch zur Arterhaltung. Viele Vogelarten, wie z.B. Steinkauz, Schleiereule, Wasseramsel und Gartenrotschwanz, wurden durch aktive Vogelschützer mit erfolgreichen Nistkastenaktionen vorm Aussterben bewahrt. Trotzdem sollte man immer daran denken, auch neue natürliche Lebensräume zu schaffen. Jedoch lassen sich z.B. alte Höhlenbäume so schnell nicht ersetzen. Umso wichtiger ist es, bestehende Lebensräume zu erhalten.

Abb. 2: Zur Nachahmung empfohlen: Nistkastenbau mit der Jugend. (Foto: G. FÖHR).

Sicherlich kann an dieser Stelle nicht auf alle aktiven Vogelschützer namentlich eingegangen werden. Ein Blick auf die Literaturliste verdeutlicht deren Zahl, ganz abgesehen von jenen, die in aller Stille und als »Propheten« wirkten.

Möge dieses Buch großes Interesse finden, welches dann unseren gefiederten Freunden wieder zu Gute kommt, damit wir unserer Nachwelt eine intakte und artenreiche Natur hinterlassen können. Nistkästen und Futtergeräte können bei naturkundlich veranlagten jungen Menschen schon frühzeitig den ersten Zugang zu einer späteren aktiven Vogelschutzarbeit schaffen.

Ein Frühlingswald, in dem keine Drossel singt, wo kein Kuckuck ruft und kein Specht mehr trommelt, ist nur halb so lebendig wie ein Wald voller Vögel!

Ganz besonders möchte ich mich bedanken bei LUISE HENZE und dem LEOPOLD STOCKER Verlag für die Genehmigung des Abdrucks von Fotos aus den Büchern ihres Mannes, bei der NABU-Gruppe Göttingen für die Genehmigung eines Fotoabdrucks aus ihrer Festschrift, für die Überlassung von Fotos bei der Staatlichen Kunsthalle Karlsruhe und deren Oberkonservator Dr. DIETMAR LÜDKE, des weiteren bei der Staatlichen Vogelschutzwarte Seebach und deren Leiter Dr. RONALD KAISER, bei der Staatlichen Vogelschutzwarte in Steckby und deren Leiter Dr. MAX DORNBUSCH junior sowie bei HILDEGARD LÖHRL. AXEL PAPENFOTH und STEFAN NATTERER von der Firma SCHWEGLER Vogel- und Naturschutzprodukte GmbH danke ich für die Überlassung von Fotos und Informationen. Für gute Auskünfte und Ratschläge zum Vogelschutz, sowie die Beschaffung von Auszügen aus alten Schriften geht mein bester Dank an JÜRGEN M. SIMON vom DBV-Archiv, sowie den früheren Leiter der Staatlichen Vogelschutzwarte Baden-Württemberg, Dr. PETER HAVELKA, Karlsruhe. Dank auch an meine Frau BARBARA für die Ratschläge zur Buchgestaltung, und meine sehr naturverbunden Kinder BIANCA und MICHELLE. Schließlich sei auch der Westarp Wissenschaften- Verlagsgesellschaft mbH für die Herausgabe und GABI SEVERIN für die konstruktive Zusammenarbeit bei der Buchgestaltung mein Dank ausgesprochen.

Ringschnait, 2005 GERHARD FÖHR

Inhaltsverzeichnis

1 Geschichte des Vogelschutzes und Entwicklung der Nistkästen

Von der Antike bis zum 19. Jahrhundert

Auf antiken Fresken sind heute noch die Darstellungen zahlreicher Vögel und verschiedener Vogelarten zu erkennen, ein Beweis dafür, dass der Mensch sich schon sehr früh mit seinen gefiederten Mitgeschöpfen beschäftigte. Bei den Völkern des Altertums finden sich bereits Anfänge des Vogelschutzes in Form der Schonung einzelner Vogelarten. Größtenteils lagen dem religiöse Vorstellungen zu Grunde, da man in manchen Vögeln die Verkörperung freundlicher Mächte sah und sie als Götter verehrte. So galt den Ägyptern der Falke (Horus) als die Gottheit, die das Land von Verderben bringenden Plagegeistern befreit. Auch Aasgeier und Schlangenadler wurden aus diesen Gründen geschützt, ebenso wie die Eulen in Athen, die von den Griechen ihrer Göttin Pallas Athene geweiht waren. Auch bei den Hebräern finden sich Vogelschutzgedanken, denn im 5. Buch Moses 22,6 heißt es z.B.: »Wenn du auf dem Wege findest ein Vogelnest, auf einem Baum oder auf der Erde, mit Jungen oder Eiern, und dass die Mutter auf den Eiern sitzet; so sollst du nicht die Mutter mit den Jungen nehmen.« Ähnliche Mahnungen, der Pflichten gegen die Tiere zu gedenken und sie vor Quälereien zu bewahren, lesen wir verschiedentlich im Alten Testament.

Auch in Europa wurden früh zahlreiche wildlebende Vögel in den Hausstand übernommen, und so sind auch die ersten Anfänge der Vogelhaltung entstanden. Eine Bestimmung zum Schutze der Vögel lässt sich im Mittelalter um das 9. Jahrhundert in der »lex salica« der salischen Franken finden. Schon die deutschen Kaiser HEINRICH I. beim Vogelherde und FRIEDRICH II. haben sich mit der Vogelkunde beschäftigt. Im Jahre 1210 verordnete der Mongolenherrscher DSCHINGIS KHAN im Gesetzbuch »Yassa« von März bis September Schonzeiten für Wild und bestimmte Vogelarten. Meist handelte es sich um Vorschriften über jagdbare Vögel. Besonders streng waren in den Gesetzen der Langobarden, Alemannen und Bajuwaren die zur Beize geeigneten Falken, Adler, Sperber und Habichte geschützt. Um 1250 bestimmte HEINRICH III. von England, dass jeder Freie in seinen Wäldern Horste von Adlern, Falken, Habichten,

Abb. 3: Gemälde »Der Knabe mit dem Vogel« (um 1650) von KAREL SLABBAERT mit einem Startopf in der Hand. (Foto: Staatl. Kunsthalle Karlsruhe).

Sperbern und Reihern hegen müsste. Ebenfalls im 13. Jahrhundert datieren zwei Verordnungen des Erzbischofs von Trier, die den Meisenfang unter schwere Strafe stellten. Hier liegen offenbar die Anfänge der Erkenntnis des Wertes dieser Vögel für die Bekämpfung der Waldschädlinge. In Zürich wurde 1335 eine Verordnung zum Schutze der Vögel als Kerbtiervertilger erlassen und eine weitere Bestimmung

Abb. 4: Ausschnitt aus dem Gemälde »Die Versuchung des heiligen Antonius« (1662) von JOOS VAN CRAESBEECK. (Foto: Staatl. Kunsthalle Karlsruhe)

im 14. Jahrhundert in Mainz zum Schutz der Meisen. Um 1450 war in Nürnberg der Fang von Nachtigall, Wachtel und Rebhuhn verboten. Der damals stellenweise schon zu beobachtenden Abnahme des Vogelbestandes suchte man durch Einschränkung des Massenfanges zu begegnen. So erließ um diese Zeit auch die Stadt Straßburg ein Verbot des Leimrutenfanges verbunden mit einer allgemeinen Schutzbestimmung während der Hauptbrutzeit von Fastnacht bis zum Johannistag. Sogar MARTIN LUTHER setzte sich 1534 in seiner »Klageschrift der Vögel an Luthern« gegen Vogelfang und andere Verfolgung der Vögel durch den Menschen ein. Zur gleichen Zeit stellte der Erzbischof von Mainz das Töten einer Meise unter die gleiche Strafe wie das Wildern eines Hirsches.

Abb. 5: Die Startöpfe waren zumeist aus gebranntem Ton hergestellt. Bei 1200 Grad Celsius sintert Ton und wird steinhart und wasserdicht. Auf der Rückseite des Topfes befand sich eine Öffnung, um leicht an die Jungvögel heranzukommen. (Foto: G. FÖHR).

Seit dem 16. Jahrhundert wurden vor allem in den Niederlanden und verstärkt auch in Norddeutschland freilebende Vögel mittels irdener Startöpfe oder Starflaschen (niederländischer Ausdruck: Spreeuwpot und auch Vogelpötte) zur Fleischgewinnung angelockt. Diese wurden meist an Mauern hoher Gebäude, ganz selten an Bäumen angebracht, so dass ihre flache Seite anlag. Teilweise gab es 3 oder 4 zugleich an einem Schornstein. Die wohlschmeckenden Jungvögel wurden z.B. für Starensuppe daraus entnommen. Diese Starentöpfe wurden um 1600 in Delft in 2 Größen als Massenware hergestellt und noch bis Ende des 18. Jahrhunderts gebraucht. Heute sind nur noch ca. 20 Originale aus der damaligen Zeit vorhanden und befinden sich in niederländischen Museen. Zeitzeugen von damals sind auch alte Gemälde von niederländischen und flämischen Malern. Solche Gemälde aus dem 16. Jahrhundert zeigen aber auch noch einen weiteren Hinweis zum Vogelschutz. Darauf wurden mehrmals künstliche, von Menschenhand gefertigte und auf Dächern hoher Gebäude wie Schlösser, Herrschaftssitze und Kirchen angebrachte Nestunterlagen, meist sägebockähnliche Gestelle, für den Weißstorch abgebildet.

Die Geschichte des Nistkastens als »Starmeste« (abgeleitet von Mästen) ist also schon sehr alt. Diese Art von Vogelverfolgung wurde immer wieder durch Fang und Abschuss verstärkt. CONRAD GESNER erwähnte in seinem Vogelbuch von 1632 jedoch noch nichts davon. Im Jahr 1682 aber schreibt FREIHERR VON HOCHBERG: »In Schlesien bey den Dörfern, werden auf die hohen dicken Bäume, kleine viereckichte, doch etwas langlicht-formierte Kästlein angehenckt, offt zwanzig dreissig auf einem Baum, darein nisten die Stahren, und mit denen werden die Jungen getheilet, haben also die Leute jährlich ihr gewisses Einkommen dabei.« Eine frühe Bemerkung machte auch CH. LEHMANN in seiner Schrift »Historischer Schauplatz derer natürlichen Merkwürdigkeiten in dem Meifznischen Ober-Erzgebirge«, Leipzig 1699, wo von Staren, die in hohlen Stöcken oder anderswo in Häuslein auf den Bäumen brüten, die Rede ist. Ein vielgereister F. E. BRÜCKMANN aus Wolfenbüttel bemerkte 1744 in der Lausitz, in Schlesien und anderen Gegenden von Bauern gefertigte hölzerne Kästchen mit Loch, welche sie um ihre Häuser an die Bäume hängten. J. TH. KLEIN berichtet in seiner »Historie der Vögel«, erschienen in Danzig 1760, wie man in Ostfriesland an den Kaminen höhere Verschläge anbrachte, worin Stare nisteten. Im Jahr 1785 empfiehlt ein Vogelfreund namens LESKE in seiner »Reise durch Sachsen« das Aufhängen von Nistkästen für den Star als Schutz gegen Insekten. Ebenso berichtete von hölzernen Nistkästen JOHANN MATTHÄUS BECHSTEIN (1757-1822) in »Naturgeschichte der Vögel Deutschlands«, erschienen in Leipzig 1822. Bereits 1801 erklärte er, dass die Ausrottung einer Tierart dem Menschen nicht zustünde und dass die Nützlichkeit von einer höheren Warte aus als Teil des Haushalts der Natur betrachtet werden müsse.

Um diese Zeit gab es auch regional immer wieder Verordnungen zum Schutz der Kleinvögel, die als Mittel gegen den verheerenden Nonnenfraß angesehen wurden, beispielsweise 1796 auf der Herrschaft Schmalkalden. Um 1810 erschien für ganz Bayern eine Verordnung zum Schutze der Waldvögel. Dagegen las man aber auch immer wieder, beispielsweise in der hohenlohischen Jagd- und Forstordnung, über die Ausschreibung von Schussprämien für Uhu, Steinadler, Habicht, Fischadler, Fischreiher, Rohrdommel und Krähen, welche als schädlich eingestuft wurden. MARSHALL berichtet Ende des 18. Jahrhunderts in seinen »Spaziergängen eines Naturforschers« von hölzernen Nistkästen, welche von den Bewohnern der Umgebung von Astrachan aufgehängt wurden. Zur gleichen Zeit veröffentlicht CURT FLOERICKE, dass er in Transkaspien und Turkestan buntbemalte Nistkästen auf hohen Stangen antraf. H. R. SCHINZ warnt im Jahre 1825 vor der Verfolgung von Vögeln. Er sah dadurch Störungen im Gleichgewicht des Naturhaushaltes voraus und wies besonders auf die Bedeutung der Raubvögel hin. In Hessen wurde 1837 eine Verordnung zum Schutz der »nützlichen Vögel« erlassen.

Von hölzernen Bruthütten, genannt Heronieres, für Fischreiher, die als Anlockmittel zur leichten Ausnahme der Jungvögel von den Franzosen seit dem Mittelalter verwendet worden sein sollen, berichtet RICHARD FREIHERR VON UND ZU KÖNIG-WARTHAUSEN (1830-1911) in »Naumannia« 1855.

Etwa ab 1850 bis ca. 1950 wurden Wachteln als »Wetterpropheten« gehalten. Diese Art der Vogelhaltung streift auch das Thema Vogelschutz in einer Zeit, als es noch genügend freilebende Wachteln gab und auch deren Eier als Delikatesse vom Menschen verzehrt wurden. (Leider ist dies in manchen

Länder immer noch Sitte.) In Deutschland, vor allem in Oberschwaben, aber auch im Raum Hohenlohe und Sachsen, war es damals Brauch, Wachteln in kunstvollen Käfigen draußen am Fenster an Bauernhäusern zu halten. Diese Wachtelhäuschen waren Miniatur-Nachbildungen von Kirchen, Schlössern und Burgen aus der jeweiligen Umgebung, welche die Bauern meistens in den Wintermonaten in mühevoller Kleinarbeit herstellten. Für den Bauern war es damals nicht nur eine Ehre, ein solches Prunkstück an seinem Haus zu zeigen. Im Sommer weckte der im Wachtelhäuschen gehaltene Wachtelhahn bei Sonnenaufgang mit seinem Schlag auch Knecht und Magd. Die alte Bauernregel »Wenn die Wachteln fleißig schlagen, läuten sie von Regentagen« weist ebenfalls auf die Wachtel als Wetterprophet hin. Wenn ein Gewitter aufzog, hat der Vogel den Landwirt bereits einige Stunden zuvor gewarnt. Durch die Modernisierung der Landwirtschaft ist diese Art der Vogelhaltung und damit auch die Wachtel in Vergessenheit geraten. Die starke Verminderung ihres Lebensraumes trägt zusätzlich dazu bei, dass viele ihren Namen nur noch von der Speisekarte her kennen. Auf humorvolle Art war die freilebende Wachtel sprichwörtlich auch mit dem die Feldarbeit verrichtenden Bauern und seinen Knechten verbunden. So erinnerten die Stimme und der Schlag der Wachtel (»pick-per-wick«) sie an »Bück den Rück«.

Abb. 6: Verschiedene Wachtelhäuschen, bis zu 150 Jahre alt, aus der Sammlung vom weitbekannten Vogelschützer HANS MOHR, Rupertshofen (Oberschwaben). (Foto: G. FÖHR).

1850 gab es ein Verbot des Meisenfanges in Thüringen und 1862 die Ausdehnung der Vogelschutzgesetzgebung der Lippischen Regierung mit der Begründung, dass auch die bisher für schädlich gehaltenen Vögel mehr Nutzen als Schaden stiften.

Nach NILSON hängte man um 1858 in den nordischen Ländern hohle Tannenstämme von der Länge einer Elle auf, um dem Großen Säger und der Schellente zum Eierlegen zu verhelfen.

Vogelschutz- und Nistkastenpioniere im 19. Jahrhundert

Es fanden sich immer weitere Förderer des Vogelschutzgedankens. Ein wichtiger Grund dafür war sicherlich, dass man sich angesichts der regelmäßig auftretenden Insektenkalamitäten über die wirtschaftliche Bedeutung des Vogelschutzes bewusst wurde. Als die Natur noch von Menschenhand unberührt war, bildeten sich jedes Jahr an unzähligen morschen Bäumen Astlöcher, in die die damals noch zahlreich vorkommenden Spechte ihre Höhle zimmerten, von denen danach weitere Höhlenbrüter profitierten. Sehr wahrscheinlich war der Thüringer JOHANN BAPTIST HOFINGER (1768-1858), Pfarrer in St. Peter bei Braunau am Inn, im Jahre 1824 der Erste, der diese Idee aufgriff und aus idealistischen Gründen Nisthöhlen auch für andere Höhlenbrüter, als nur für Stare, aufhängte. Er beschäftigte sich hauptsächlich mit der Zucht von Obstbäumen. Zu jener Zeit kam es in Obstplantagen, Feldern und Wäldern infolge großflächiger Monokulturen immer häufiger zu Kumulationen von Insekten, deren Raupen sich von Früchten oder Blättern ernähren und die in den Kulturen schwere Schäden anrichteten. Die von ihm »Meisenkobel« genannten Bruthöhlen waren zwar noch etwas unförmig, sind aber die ersten zielgerichteten Versuche zum Herstellen von Nistgelegenheiten. In der »Allgemeinen Deutschen Gartenzeitung« (1828) empfahl er allen Garten- und Obstplantagenbesitzern, in ihrem eigenen Interesse Kleinvögel durch Aushängen von Nisthöhlen in die Gärten zu locken, wo sie Beete und Obstbäume vom lästigen Ungeziefer befreien sollten. Er führte aus: »Man ist fast durchaus der Meinung, die Vorrichtungen der Vogelwohnungen müssten so mathematisch genau gemacht werden, dass der mindeste Verstoß in einem oder dem anderen Stücke das ganze Unternehmen vereitle.«

HOFINGER richtete die Fluglöcher abgewandt von der Wetterseite aus und mahnte auch zur Reinigung der Kästen gleich nach der Brutzeit. Im Allgemeinen wollte HOFINGER diese Anweisungen nur als Vorschläge aufgefasst wissen, da die Einschlupflöcher der natürlichen Nistgelegenheiten auch nicht nach der Größe des Vogels abgezirkelt seien. Die Höhlenbrüter müssten nach seiner Meinung mit jeder Höhlung vorliebnehmen, ob groß oder klein und hoch oder niedrig angebracht. Zu seiner Zeit geschah das

Aufhängen und Herstellen von Nistkästen noch sehr planlos und willkürlich. Dennoch besuchte ihn mancher Ornithologe und erkundigte sich nach den Maßen, die diese künstlichen Nisthilfen haben sollten.

Abb. 7: HOFINGERs Nistkobel aus ausgefaultem Fichten- oder Tannenholz, ca. 30 cm lang, Innenraum ca. 11 cm, Fluglochweite ca. 3 cm. Der Deckel bestand aus einem Stöpsel, der genau eingepasst war und mit einem Nagel festgehalten wurde. Die Nisthöhlen wurden mit Weidenruten in den Ästen des Baumes in Augenhöhe aufgehängt. Die senkrecht aufgehängten Höhlen besaßen lange Arme aus Holz zur Befestigung. (Abdruck aus: Jahrbuch für Naturschutz 1928).

Abb. 8: Dr. philos. CONSTANTIN WILHELM LAMBERT GLOGER in seiner aktiven Vogelschutzzeit um 1863. (Abdruck aus: Festschrift 75 Jahre DBV Göttingen).

Eine weitere Forderung nach Vogelschutz stellte der schlesische Zoologe CONSTANTIN WILHELM LAMBERT GLOGER (1803-1863) in Breslau um 1850 auf. Auch er veröffentlichte seine Nistkastenentwicklungen, z.B. im »Journal für Ornithologie« (1853 und 1855) und als Eigenausgabe (1855 und 1865). Dadurch erreichte er auch eine staatliche Unterstützung, da er besonders an die Regierungen mit der Forderung herantrat, keine noch brauchbaren hohlen Bäume zu fällen. Er schlug zur Herrichtung von Brut- und Schlafstellen für Vögel und Fledermäuse das Reinigen und Abdecken von Hohlräumen in Obstbäumen vor. Neben hergerichteten hohlen Hartholzbaumstücken baute er vielfach Bretternistkästen und machte damit vor allem Versuche im Zoologischen Garten in Berlin. Ein ihm eng vertrauter und gleichgesinnter Vogelschützer war der Thüringer Naturforscher HARALD OTHMAR LENZ in Schnepfenthal. Man kann feststellen, dass diese beiden Vogelfreunde aus dem Starenkasten das Werkzeug eines organisierten Vogelschutzes machten.

Um 1865 ist ein weiterer namhafter Vogelschützer, AUGUST CARL EDUARD BALDAMUS, aufgetreten. Seine Nistkästen waren konstruktiv gebaut und er widmete sich damit auch den Eulen sowie Wiedehopf, Turmfalke und Mauersegler.

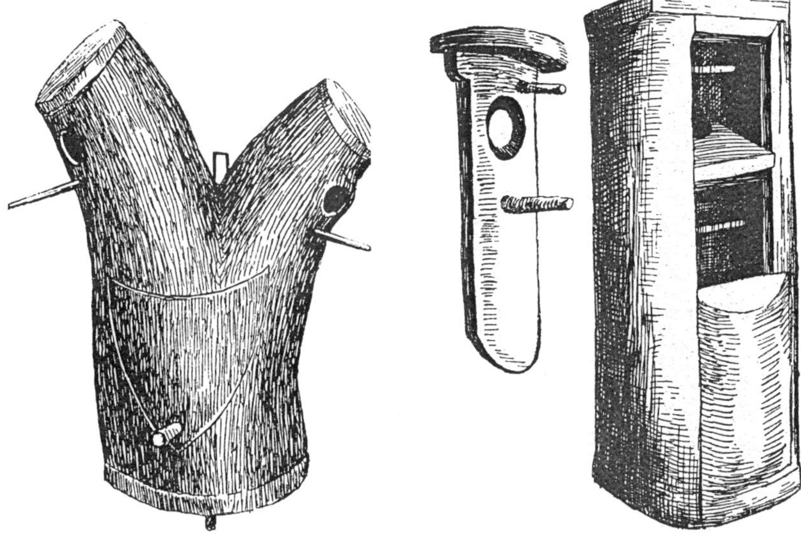

Abb. 9: Hergerichtete Baumstammhöhle von GLOGER. (Abdruck aus: Jahrbuch für Naturschutz 1928).

Abb. 10: Bretternistkasten zum Öffnen von GLOGER. (Abdruck aus: Jahrbuch für Naturschutz 1928).

1867 spricht ALFRED EDMUND BREHM (Illustriertes Thierleben 1863-1869, Gefangene Vögel 1872-76) die Acht über Adler, Edelfalken und andere Greifvögel, sowie Reiher, Haubentaucher, Eisvögel und Wasseramseln aus und fordert zu ihrer schonungslosen Vernichtung auf. Grund war die damalige Einteilung in nützliche und schädliche Vögel, wobei Brehm auf der »Seite« der Singvögel stand.

Die 26. Generalversammlung der Deutschen Land- und Forstwirte in Wien 1868 fasst eine Resolution, in welcher der Schutz der land- und forstwirtschaftlich nützlichen Vögel durch ein internationales Abkommen gefordert wird. Dieser Gedanke, den Schutz der Vögel auch in internationalem Rahmen in Angriff zu nehmen, tauchte hier erstmals auf.

Abb. 11: Praktischer Vogelschutz mit der Jugend um 1860. (Abdruck aus: Dr. E. BALDAMUS »Schützet die Vögel«, 1868).

SCHMIEDEKNECHT wendete sich schon 1873 gegen die Einteilung in nützliche und schädliche Vögel. So wurden in diesem Jahr auf dem Internationalen Landwirtschaftskongress in Wien erneut die Gedanken einer internationalen Vogelschutzabmachung vom Schweizer FRIEDRICH VON

TSCHUDI aufgegriffen, allerdings wiederum ohne wirklichen Erfolg. Eine erste Vereinbarung über den Vogelschutz gab es 1875 zwischen Österreich, Ungarn und Italien. 1876 wurde im Königreich Sachsen ein Erlapp zum völligen Schutz aller nicht jagdbaren Vögel verkündet.

Der Geologe KARL THEODOR LIEBE (1828-1894) aus Gera war ein bedeutender Förderer und wissenschaftlicher Begründer des Vogelschutzes nach 1870. Auch ihm war die Hege anderer Vogelarten als Meisen und Stare wichtig. Er hatte seine Nistkästen neben der Freilandaufhängung auch in großen Volieren an in Gefangenschaft gehaltenen Vögeln ausprobiert und sagte: »Lernt das Leben der Vögel erst genau kennen, wenn ihr sie mit rechtem Erfolg schützen wollt.« Seine Erfahrungen und Erfolge veröffentlichte er in verschiedenen Schriften, z.B. im »Journal für Ornithologie« (1874) und in seiner Broschüre »Winke betreffend das Aufhängen von Nistkästen für Vögel« (1883). Schon am 6.1.1875 war LIEBE auch der Gründer des »Deutschen Vereins zum Schutze der Vogelwelt« in Halle, der auch eine eigene ornithologische Zeitschrift herausgab. Seit dieser Zeit wurde in Deutschland eine große Anzahl von kleineren Vogelschutzvereinen gegründet, die alle überwiegend lokalen Charakter hatten. LIEBE stellte 1884 auf dem 1. Internationalen Ornithologenkongress in Wien die Grundsätze des Vogelschutzes auf und wird dadurch zum Begründer der modernen, wissenschaftlich begründeten Vogelschutzbewegung. Am 22. März 1888 wurde das Reichsgesetz zum Schutze der Vögel erlassen, welches auch zur Einführung des Vogelschutzgesetzes auf Helgoland führte. Im Mai 1890 startete LIEBE auf dem 2. Internationalen Ornithologenkongress in Budapest einen Aufruf zu einem umfassenden, ethisch und ökologisch begründeten Vogelschutz mit der Forderung, die Menschen auf ihre Verpflichtung hinzuweisen, die Natur in ihrer Unversehrtheit zu erhalten.

Abb. 12: Entwicklung des Nistkastens von Dr. E. BALDAMUS. (Abdruck aus: E. BALDAMUS »Schützet die Vögel, 1868).

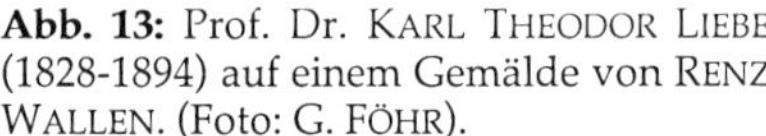

Abb. 13: Prof. Dr. KARL THEODOR LIEBE (1828-1894) auf einem Gemälde von RENZ WALLEN. (Foto: G. FÖHR).

Abb. 14: Dr. phil. h. c. HANS FREIHERR VON BERLEPSCH. (Foto: Archiv Staatliche Vogelschutzwarte Seebach).

Einen weiteren entscheidenden Schritt unternahm 1898 HANS FREIHERR VON BERLEPSCH, geboren am 18.10.1857 in der Burg Seebach. Er führte Untersuchungen an natürlichen Spechthöhlen durch und baute diese mit Hilfe eines westfälischen Holzschuhmachers genau nach (Hohlraum birnenförmig). Er war ein großer Pionier auf dem Gebiet der künstlichen Nisthöhlen. Angeregt durch die Stubenvogelhaltung seines Vaters beschäftigte BERLEPSCH sich schon frühzeitig mit der Vogelwelt. Auch das Familienwappen, fünf mit Halsbändern versehene Sittiche, deutet auf diese vogelkundliche Familientradition hin. Vor allem in den Jugendjahren unternahm BERLEPSCH eine Vielzahl von Reisen, z.B. nach Italien, Südamerika, Norwegen und Spitzbergen. Mit Hilfe der dadurch gewonnenen Erkenntnisse zu Lebensraumansprüchen und Nistgewohnheiten von Vögeln gestaltete er schon in den Jahren 1884/85 den etwa 2 Hektar großen Obstgarten der Burg Seebach in einen Vogelschutzpark um. Er begründete dort somit eine Versuchsanlage für den von ihm propagierten praktischen und gestalteten Vogelschutz. Nach der Umgestaltung wurde die Vogelwelt des Parkes genau beobachtet und 252 Brutpaare in 39 Arten kartiert. 1907 in Hamburg, 1909 in Bamberg und 1920 in Essen entstanden ähnliche Einrichtungen nach dem Vorbild von Seebach. Von 1911 bis 1914 baute BERLEPSCH seine Wasserburg um und selbst entwickelte Niststeine in das Mauerwerk ein. Er bewies, dass mit der Rekonstruktion alter Gebäude nicht zwangsläufig der Verlust wichtiger Brutstätten verbunden sein muss. 1928 wurde in Altenhundem ein Gelände zur Errichtung einer Vogelschutzstation vorbereitet, da BERLEPSCH beabsichtigte, die Vogelschutzstation Seebach eventuell später dorthin zu verlegen. Nachdem jedoch der Fortbestand der Seebacher Station gesichert war, konnte er davon Abstand nehmen. Seine gewonnenen Erkenntnisse und Erfahrungen im praktischen Vogelschutz legte er schon 1899 in seinem Buch »Der gesamte Vogelschutz« nieder. Dieses Werk, welches seinen Lebenslauf genau beschreibt, seinen Bezug und die Liebe zur Vogelwelt, wurde in 6 Sprachen übersetzt und erlebte 12 Auflagen. Es machte die Seebacher Vogelschutzstation weithin bekannt. Im Jahr 1908 erfolgte ihre Anerkennung als erste staatliche Versuchs- und Musterstation für Vogelschutz durch die preußische Regierung und sie erhielt eine, wenn auch geringe, finanzielle öffentliche Unterstützung. Dies ist zugleich das Geburtsjahr der ersten, heute noch bestehenden Vogelschutzwarte. Zahlreiche Vogelschutzlehrgänge wurden dort in den folgenden Jahren abgehalten.

Die Bezeichnung »Vogelschutzwarte« ist in Anlehnung an den vom Maler HEINRICH GÄTKE geprägten Begriff der »Vogelwarte« Helgoland entstanden. Von ihm wurde sehr wahrscheinlich im Jahre 1890 der Begriff Vogelwarte für eine Beobachtungsstelle zur Erforschung des Vogelzuges gebraucht. Auf Bestreben BERLEPSCHs wurden in den darauf folgenden Jahren mehrere Vogelschutzwarten gegründet. Diese Einrichtungen haben sich wegen ihres Sachbezuges bewährt und sowohl die Jahrzehnte überstanden als auch unterschiedliche Regierungsformen. Heute hat jedes Bundesland eine solche Einrichtung, von der aus übergeordnete Schutzmaßnahmen fachgerecht unter wissenschaftlicher Leitung durchgeführt werden. Sie sind staatliche Institute der angewandten Vogelkunde, dienen der Ermittlung fachlicher Grundlagen für den Vogelschutz, beraten Verwaltung, Politik und Bevölkerung und fördern besonders den Vogelschutzgedanken in der Öffentlichkeit. (Aus Kostengründen wurde 2001 die Staatliche Vogelschutzwarte Baden-Württemberg in Karlsruhe aufgelöst. Die Aufgaben hat die Landesanstalt für Umweltschutz in Karlsruhe übernommen.) Die Vogelwarten, wie z.B. die sehr bekannte Vogelwarte Radolfzell am Bodensee, gegründet 1928 von CURT FLOERICKE, betreiben wissenschaftliche Vogelkunde und Vogelforschung, auch hinsichtlich des Vogelzuges. Gelegentliche Überschneidungen der Arbeitsgebiete der Vogelwarten und Vogelschutzwarten sind im Interesse der Sache nicht immer vermeidbar. So werden bis heute noch an der Seebacher Vogelschutzwarte kranke und verletzte Vögel angenommen und gepflegt. Seit 1936 besteht die Arbeitsgemeinschaft der Vogelschutzwarten.

Abb. 15: Burg Seebach (Kreis Mühlhausen), Vogelschutzwarte Thüringen. (Foto: Archiv Staatliche Vogelschutzwarte Seebach).

Beim Ornitholgenkongress in Wien (7.-11.4.1884) unter der Schirmherrschaft von Kronprinz RUDOLF wurde die Idee, ein weltumspannendes Netzwerk von Stationen zur Beobachtung des Vogelzuges diskutiert. Fünf Jahre später, 1899, begann der dänische Gymnasiallehrer H.C.C. MORTENSEN, Vögel mit Metallringen zu beringen. Der Ornithologe JOHANNES THIENEMANN (1863-1938) gründete 1901 auf Rossitten an der kurischen Nehrung die erste wissenschaftliche Vogelwarte der Welt, die heute noch besteht.

Der Nestor des Vogelschutzes, FREIHERR VON BERLEPSCH, erkannte die Zeichen der Zeit und die besondere Bedeutung der Vögel als Mitgeschöpfe für uns und unseren Lebensraum. Ihm gelang auch die erste fabrikmäßige, maschinelle Fertigung und Herstellung von Nistkästen, nach seinem Patent »Original BERLEPSCHhöhle«. An das Baumaterial stellte er besondere Ansprüche: Die Aufhängeleiste war aus Eichenholz, das Dach aus Asbest, welches zur besseren und leichteren Reinigung ohne Werkzeug mit einem Eisenwinkel gehalten wurde. Mehrere Hersteller-

Abb. 16: Querschnitt Spechthöhle (a) im Vergleich zu Querschnitt BERLEPSCHhöhle (b). (Foto: Archiv Staatliche Vogelschutzwarte Seebach).

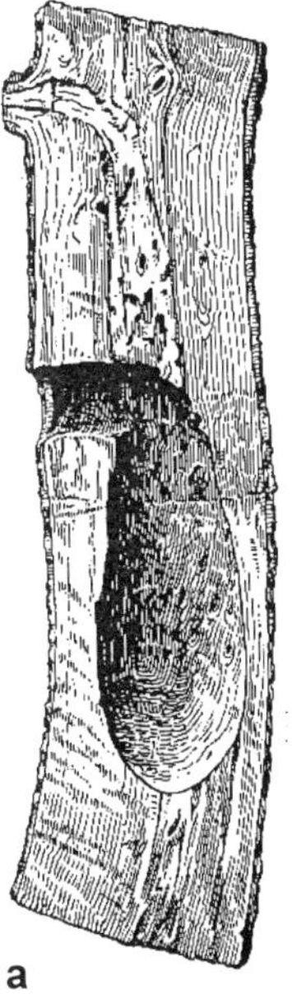

a

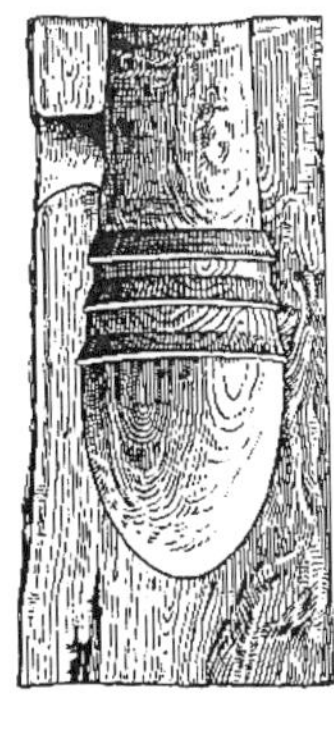

b

Abb. 17: links: Original BERLEPSCHhöhle. (Foto: G. FÖHR). rechts: Ursprünglicher v. BERLEPSCHer Nistkasten aus dem Jahr 1896. (Abdruck aus: Jahrbuch für Naturschutz 1928).

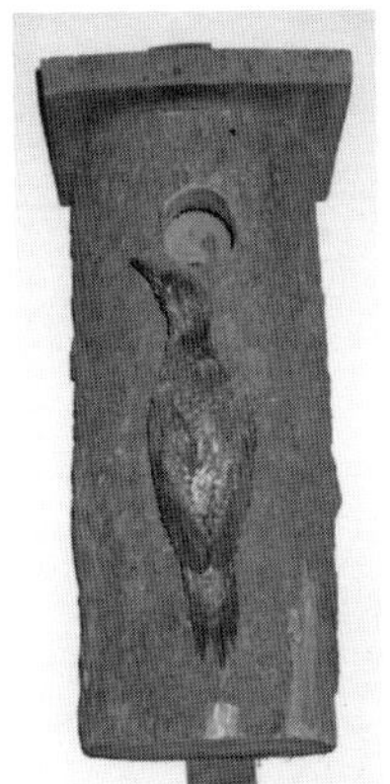

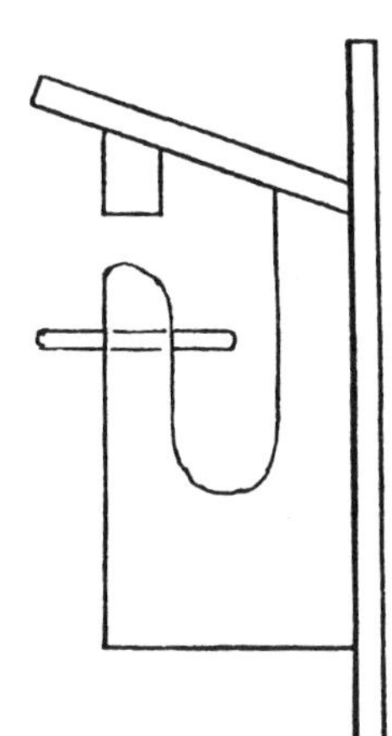

firmen wollten seine Höhlen nachbauen. Es stellte sich jedoch immer heraus, dass bei diesen Nachbauten Fehler auftraten. Nur zwei Hersteller fabrizierten unter strenger Aufsicht BERLEPSCHs anerkannte Original BERLEPSCHhöhlen: Fa. HERMANN SCHEID, Büren (Westfalen) und PETER DEMMEL, Moosach (Bayern).

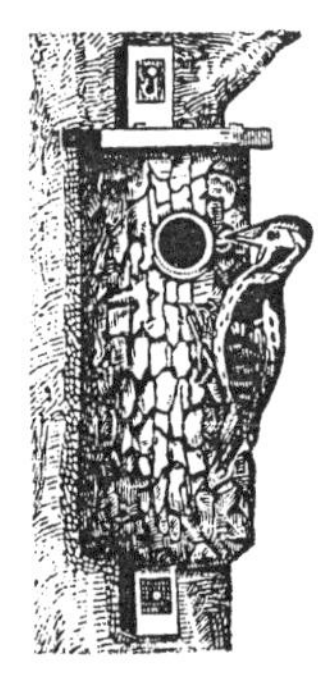

v. Berlepsch'sche

Nisthöhlen

dauerhaft imprägniert, mit Holzdeckel oder leicht abnehmbarem Asbestdeckel, die **naturgemäße und dauerhafteste Nistgelegenheit.** Illustr. Preisliste, auch über Winterfütterung, kostenlos durch den **Alleinhersteller**

Herm. Scheid, Büren (Westf.).

Eingetr.  Warenz.

Für seine Verdienste auf diesem Gebiet der Ornithologie und des Vogelschutzes verlieh die Universität Halle-Wittenberg im Jahr 1923 an BERLEPSCH die Ehrendoktorwürde. Am 2.9.1933 verstarb er. An seiner Grabstätte auf dem Friedhof in Seebach unweit seiner Burg wurden ein hessisches Vogelfutterhaus und eine Vogeltränke errichtet.

Abb. 18: Werbeanzeige eines von BERLEPSCH anerkannten Nisthöhlenherstellers mit Qualitätsstempel. (Abdruck aus: Jahrbuch für Naturschutz 1928).

Abb. 19: Ständige Nistkastenausstellung von BERLEPSCH auf Burg Seebach um 1922. (Foto: Archiv Staatliche Vogelschutzwarte Seebach).

In Paris gab es vom 25. bis 29. Juni 1895 auf Einladung der französischen Regierung eine internationale Vogelschutzkonferenz mit der Beratung des Entwurfs einer Internationalen Vogelschutz-Konvention, welche am 19. März 1902 nach dem vorausgegangenen 3. Ornithologen-Kongress im Jahr 1900 in Paris für die »nützlichen Vögel« begründet wurde. Anlass dazu war der in den südlichen Ländern immer weiter um sich greifende Massenfang von Vögeln. Beigetreten sind Deutschland, Österreich, Ungarn, Belgien, Frankreich, Spanien, Griechenland, Portugal, Liechtenstein, Monaco, Schweden und die Schweiz. Obwohl England, Italien, die Niederlande und Russland an der Konferenz teilgenommen haben, traten sie der Konvention nicht bei. Auch konnte der Fang von »Krammetsvögeln« (Wacholderdrosseln) nicht völlig unterbunden werden. So lieferten deutsche Vogelsteller in dieser Zeit jährlich etwa eine Million solcher Vögel in die Delikatessengeschäfte und Restaurants. Ebenfalls verloren dabei über eine Viertelmillion kleinerer Sänger, darunter besonders viele Singdrosseln, ihr Leben. Erstmals aber wurde der unbedingte Schutz der Vögel, ihrer Nester und Jungen festgelegt, welche in der Liste »Nützliche Vögel« erfasst wurden, während die auf der Liste der »Schädlichen Vögel« aufgeführten Arten nicht geschützt wurden. 1905 gab es eine Neufassung in der 2. Pariser Vogelschutz-Konvention. Bis zum Ersten Weltkrieg wurde dieses Abkommen ratifiziert und auf Grund einer speziellen Klausel im Versailler Vertrag blieb es auch nach dem Friedensschluss weiter bestehen.

Von Lina Hähnle und dem Bund für Vogelschutz bis zum NABU

Am 15. Dezember 1898 wurde von Lina Hähnle, Mutter von sechs Kindern, aus Giengen a.d. Brenz die erste allgemeine Vogelschutzvereinigung, der »Bund für Vogelschutz«, gegründet und am 1. Februar 1899, mit schon über 1 000 Mitgliedern, im Konzertsaal der Liederhalle in Stuttgart der Gründungsakt vollzogen. Zum Jahresende waren es 3 500 und im Jahre 1902 bereits 6 100 Mitglieder. Auf die Idee, einen großen Vogelschutzverband zu gründen, kam sie durch Rudolf Bergner aus Graz. Er hatte um 1897 in Österreich ebenfalls in kurzer Zeit über 50 000 Mitglieder für einen Vogelschutzverein, den »Österreichischen Bund der Vogelfreunde«, geworben und empfahl Lina Hähnle, das Gleiche in Deutschland zu tun. Im ersten Schritt wurden 1898 alle württembergischen Vereine zum »Schwäbischen Bund für Vogelfreunde« zusammengefasst. Der SfV ging nahtlos in den BfV über. Lina Hähnle hat es verstanden, Jung und Alt, Arm und Reich als Mitglied zu gewinnen, indem sie persönlich von Ort zu Ort reiste und in allen Teilen Deutschlands (z.B. auch in Schulen) durch Wort und Bild für die Sache

Abb. 20: LINA HÄHNLE, Gründerin des heutigen NABU. (Abdruck aus Jahresheft DBV 1973/74).

des Vogelschutzes warb. Ein Grund für die hohen Mitgliederzahlen war sicherlich auch die Festlegung eines mit 50 Pfennigen sehr niedrigen Jahresbeitrages für Erwachsene (Kinder: 10 Pfennige). Ebenfalls bestand die Möglichkeit zur lebenslangen Mitgliedschaft mit einem einmaligen Betrag von 10 Mark. Sogar Könige, Fürsten und Präsidenten aus dem Ausland gewann sie als Mitglied. Ihr Mann, Kommerzienrat HANS HÄHNLE, Filzfabrikant in Giengen, hatte viel Verständnis für ihre Tierliebe und ihre Naturschutzbestrebungen. Ab 1902 erschienen Jahreshefte, in denen über die Tätigkeit des Verbandes berichtet wurde. LINA HÄHNLE hatte aufgerufen, auch Ortsgruppen zu bilden, wovon es zum Jahresende 1903 bereits 85 gab.

1904 fand die Gründung eines Internationalen Frauenbundes für Vogelschutz in Charlottenburg statt, der aber nur bis 1908 bestand. LINA HÄHNLE war dort ebenfalls Vorstandsmitglied.

Als ihr Sohn, HERMANN HÄHNLE, sein Ingenieurstudium beendet hatte, wurde er ihr ständiger Begleiter. Er lieferte durch die von ihm konstruierten optischen Geräte für die Vorträge seiner Mutter die passenden Bilder, welches zur damaligen Zeit eine große Sensation war, und begeisterte alte und junge Vogelfreunde und alle, die es noch nicht waren. So hatte er starken Anteil an der Entwicklung des Lauffilms in Schwarz-Weiß und anschließend in Farbe. Die ersten Unterrichts- und Vogelfilme waren mit seinem Namen verknüpft.

1907 folgte die Gründung des Vereins »Jordsand« für Vogelfreistätten an der Küste, der z.B. die Hallig Norderoog 1909 als privates Seevogelschutzgebiet kaufte. Am 30. Mai 1908 wurde im Deutschen Reichstag das Reichsvogelschutzgesetz verabschiedet, welches am 1. September 1908 in Kraft trat.

Zum größten Teil aus privaten Mitteln der Familie HÄHNLE wurde 1908 vom BfV eine kleine Insel im Flussbett des Neckars bei Lauffen gekauft, die sog. »Vogelinsel«, um die dort lebenden Vogelarten, wie z.B.

Abb. 21: Umschwung in der Hutmode: Damenhüte mit Federschmuck und ausgestopften Vogelbälgen. (Abdruck aus Berliner Illustrierten, 1931).

Nachtigall und Laubsänger, zu schützen. Danach setzte sich auch der Begriff »Naturschutzgebiet« durch. 1909 konnte der Bund für Vogelschutz auf mehr als 18 300 Mitglieder verweisen und auch im Norden Deutschlands gab es Ortsgruppen. Ebenfalls 1909 wurde die Gründung der »Staatlich autorisierten Vogelschutzkommission für Bayern« durch FREIHERRN HERMANN VON GEBSATTEL in Bamberg vollzogen. Nach dem Umzug nach Garmisch-Partenkirchen 1931 gründete Forstmeister KARL HAENEL die heute noch bestehende Vogelschutzwarte mit Sitz des Verbandes. Der Reichsforstminister erwirkte danach den zwangsweisen Eintritt in den Reichsbund für Vogelschutz. Diese Mitgliedschaft wurde nach dem Kriegsende beendet. Seit dem Jahr 1943 nennt sich dieser Verband »Landesbund für Vogelschutz«, hat rund 350 Gruppen und über 70 000 Mitglieder und arbeitet heute sehr eng mit dem NABU zusammen.

Im Mai 1910 wurde von 5 Vogelschutzverbänden der erste deutsche Vogelschutztag in Berlin-Charlottenburg veranstaltet. Bekannt wurde die von LINA HÄHNLE und CARL GEORG SCHILLINGS gestartete Kampagne für

Abb. 22: HERMANN HÄHNLE, 1946 bis 1965 Präsident des Bundes für Vogelschutz. (Foto: BfV-Ansichtskarte zum 85. Geburtstag).

Paradiesvögel und Edelreiher. Hier ging es darum, dass die Damen keine Vogelfedern mehr auf ihren Hüten tragen sollten, um der Ausrottung dieser Vögel durch den Federhandel entgegen zu wirken. Hierzu verfasste SCHILLINGS 1911 auch die Schrift »Die Tragödie des Paradiesvogels und des Edelreihers«. Die Vorträge waren ein großer Erfolg.

In den folgenden Jahren fanden weitere deutsche Vogelschutztage statt, beispielsweise in Stuttgart vom 11. bis 14. Mai 1911 unter der Schirmherrschaft des Königs von Württemberg, WILHELM II., stehend, mit den Hauptthemen »Vogelsterben an elektrischen Leitungen und Leuchttürmen« sowie »Federschmuck in der Damenmode«. In dieser Sache nahm der BfV mit der damals größten Vogelschutzorganisation der Welt, der Audubon-Society in New York, und auch mit Organisationen in den Niederlanden, England und Österreich Kontakt auf. Das Reichs-Kolonialamt verordnete den völligen Schutz der Paradiesvögel und die USA erließ ein Einfuhrverbot für Federn wildlebender Vögel. England, Belgien und Frankreich schützten diese Arten nun auch in ihren Kolonien. Ein dritter deutscher Vogelschutztag vom 7. bis 10. Juni 1914 in Hamburg widmete seinen ersten Tag vorbildlich den Schulkindern. Über 8 000 Kindern wurden von morgens bis abends kinematographische und farbige Bilder vorgeführt. Aktive und namhafte Vogelschützer trafen sich, und es wurde vor allem über die neuesten Erkenntnisse auf dem Gebiet des Vogelschutzes berichtet.

1911 wurden vom Bund für Vogelschutz ein großes Schutzgebiet am Federsee bei Bad Buchau, sowie ein Teil der Insel Hiddensee gekauft. Der BfV bot auch ein großes Angebot an (teilweise selbst konstruierten) Vogelschutzgeräten und ein vielfältiges Schriftentum zum Kauf an. Auf Verordnung des Reichsforstministeriums wurde 1934 der Bund für Vogelschutz in den Reichsbund für Vogelschutz umbenannt. 1938 gab LINA HÄHNLE im Alter von 88 Jahren die Leitung des Verbandes an REINHARD WENDEHORST ab. Sie blieb aber trotzdem noch sehr aktiv. Infolge beruflicher Überlastung von WENDEHORST wurde am 1. Februar 1946 HERMANN HÄHNLE Präsident der über 60 000 Mitglieder und der Verein nannte sich wieder Bund für Vogelschutz.

2 Tage vor ihrem 90. Geburtstag am 1. Februar 1941 starb die Gründerin des größten deutschen Vogelschutzverbandes, LINA HÄHNLE, nachdem sie ihn 39 Jahre lang geleitet hatte. Noch am Tag zuvor hatte sie im Radio Werbung für den Vogelschutz gemacht. Viele ihrer Freunde und Mitglieder des BfV hatten sie dort zum letzen Mal gehört. Die für ihren 90. Geburtstag geplante Feier musste zu einer Trauerfeier umgestaltet werden.

Am 24. Oktober 1965 verstarb HERMANN HÄHNLE im Alter von 87 Jahren, welcher jeden Tag seines Lebens dem BfV zur Verfügung stand. Die dritte Generation HÄHNLE wurde durch ORLA WALDHOER und ihren Bruder HANS-OTTO HÄHNLE, der ab 1965 Mitglied des Bundesvorstandes im Verband war, vertreten. Am 13. November 1965 wurde die Überleitung des »Bundes für Vogelschutz« in den »Deutschen Bund für Vogelschutz« (DBV) ohne Gegenstimme in einer Mitgliederversammlung in Stuttgart beschlossen. SEBASTIAN PFEIFER übernahm von 1965 bis zu seinem Ausscheiden aus Altersgründen am 22. August 1969 die Präsidentschaft des Verbandes. Er war auch ein enger Mitarbeiter HÄHNLEs und wissenschaftlicher Direktor an der Staatlichen Vogelschutzwarte Hessen, Rheinland-Pfalz und Saarland in Frankfurt a. M., welche er mit gegründet hatte. Auch die Entwicklung bestimmter Nisthöhlentypen in Zusammenarbeit mit der Firma SCHWEGLER Vogelschutzgeräte in Schorndorf ist auf seine Initiative zurückzuführen. PFEIFER war kein studierter Ornithologe, sondern Autodidakt. An der Vogelschutzwarte befassten er und seine Mitarbeiter sich besonders mit der Steigerung der Siedlungsdichte von höhlenbrütenden Singvögeln, wegen deren großer Bedeutung bei der biologischen Schädlingsbekämpfung. Er verstarb am 14. März 1982 im Alter von 83 Jahren, und mit ihm ging eine weitere Ära im Vogelschutz zu Ende.

Von 1969 bis 1984 leitete CLAUS KÖNIG, Leiter der Staatlichen Vogelschutzwarte Baden-Württemberg in Ludwigsburg (1962-1971), den DBV mit damals über 90 000 Mitgliedern als dessen Präsident. Danach verfolgten verschiedene Amtsinhaber die Vereinspolitik weiter und es wurden auch weitere Schutzgebiete gekauft und gepachtet. So beispielsweise das etwa 300 Hektar große Teichgut Wallnau auf der Insel Fehmarn. Ab 1987 verstärkte der DBV den Kontakt zu Naturschützern in der DDR. Der damalige DBV-Präsident KLAUS DÜRKOP reiste des öfteren dorthin. Nach dem Fall der Mauer im November 1989 wurde vom DBV die Idee eines »Grünen Bandes« anstelle der Todeszone im ehemaligen Grenzgebiet von der Ostsee bis zum Fichtelgebirge gefördert. Im Januar 1990 begann der stellvertretende Umweltminister der DDR, MICHAEL SUCCOW, zusammen mit vielen aktiven Mitgliedern des Verbandes die Arbeit an der Umsetzung eines ehrgeizigen Nationalparkprogrammes. Ende Januar 1990 fand unter der Federführung des Deutschen Naturschutzrings (DNR) in Berlin ein erster deutsch-deutscher Naturschutzkongress mit 1 500 Teilnehmern, darunter über 100 aus dem DBV, statt. Neben den Ornithologen sprachen sich auch zahlreiche andere Fachgruppen für eine Neuordnung unter dem Dach des bisherigen DBV aus, damit sich auch Botaniker, Insektenkundler und Amphibienschützer mit dem neuen Verband identifizieren konnten. Es wurde zunächst ein »Naturschutzbund in der DDR« gegründet. (In der ehemaligen DDR gab es allein schon über 100 Kreis- und Ortsverbände.) Am 6. Mai 1990 beschloss die DBV-Bundesvertreterversammlung in Worms mit großer Mehrheit die Umbenennung in »Naturschutzbund Deutschland«, abgekürzt NABU. Der offizielle Zusammenschluss mit dem Naturschutzbund der DDR erfolgte am 18. November 1990. MICHAEL SUCCOW wurde zum Vizepräsidenten des NABU gewählt. Der Weißstorch (im DBV-Logo seit 1966) blieb das Wappentier des Verbandes. Heute erreicht der NABU bereits die 400 000er Mitgliedergrenze in über 1 500 Ortsverbänden und betreut über 5 000 Schutzgebiete. Die schon im Jahre 1970 ins Leben gerufene Naturschutzjugend (NAJU) ist mit rund 80 000 Mitgliedern einer der größten Jugendumweltverbände in der BRD.

Vogelschutz, Vogelschützer und Nistkastentüftler seit BERLEPSCHs Zeiten

Der Göttinger G. GÖRING entwickelte in der Zeit von 1920 bis 1930 die sog. »Göttinger Niststeine« zum Einmauern in Gebäude. Diese wurden von BERNHARD QUANTZ (1877-1943), einem Nachkommen des Flötenlehrers FRIEDRICHs II. von Preußen, weiterentwickelt. Nach seinen Modellen gebaute Nisthilfen wurden in größerer Zahl reichsweit angebracht, ebenso die von ihm entwickelten Nistlochplatten, die als Vorderwand bzw. als Abschlussplatte (mit verschieden großen Fluglöchern für verschiedene Vogelarten und Fledermäuse) in vorhandene Mauernischen eingefügt wurden. Er entwickelte auch die Spalthöhle für den Zaunkönig, den keilförmigen Brutkasten für Baumläufer und die Nisthöhle für die Wasseramsel.

Seit 1920 hatte MAX BEHR, Vogelschützer und Naturfotograf, an der Vogelschutzwarte Steckby bei Zerbst am Ufer der Elbe Versuche zur Verbesserung von Nistkästen aus Holz unternommen. Sein Ziel waren eine bessere Annahme der Hilfen und ein wirksamerer Schutz vor sog. Raubzeug mittels verschiedener Vorrichtungen vorm Flugloch.

Abb. 23: Amtmann MAX BEHR (Foto: Archiv Vogelschutzwarte Steckby).

Abb. 24: Ein von MAX BEHR entwickelter Nistkasten mit Raubzeugschutz. (Foto: G. FÖHR).

Seinen Beruf als Landwirt gab er 1902 auf, um sich der Lichtbildnerei zu widmen. Als Aufnahmeobjekt hatte er sich den Biber ausgesucht, welcher in Steckby noch häufig vorkam, anderswo aber damals schon in seinem Bestand arg bedroht war. Seine Arbeit bestand hauptsächlich in der wissenschaftlichen Auswertung des Versuchs, Kieferschadinsekten durch vermehrte Ansiedlung von Vögeln zu reduzieren. Diese Projekte unterstützte der Bund für Vogelschutz sehr und HERMANN HÄHNLE übernahm ab 1938 die Aufsicht, nachdem MAX BEHR 1934 verstorben war. Mit dem Ort und dem Forschungsprojekt verbunden sind auch weitere namhafte Vogelschutzpraktiker wie R. BERNDT, FRANZ PLATE, KONRAD GLASEWALD und GRAF und GRÄFIN VON DÜRCKHEIM.

In Steckby fanden in dieser Zeit regelmäßig Tagungen des Bundes für Vogelschutz statt. Dass Steckby am 17.2.1932 als Staatliche Muster- und Versuchsstation für Vogelschutz und zur Schädlingsbekämpfung vom anhaltischen Staatsministerium anerkannt wurde, war in erster Linie BEHR zu verdanken. Bis 1945 gab es dort einen lückenlos geschlossenen Waldbestand (Heide-Kieferngebiet) von über 900 Hektar, in dem rund 2 600 Nistkästen hingen. Auch MARTIN HERBERG, ab 1947 für 16 Jahre hauptamtlicher Leiter der Steckbyer Vogelschutzwarte, und KARL MANSFELD, seit 1. Oktober 1925 Leiter der Vogelschutzwarte Seebach, entwickelten Nistkästen.

Das Steckbyer Gebiet wurde 1979 von der UNESCO zum Biosphärenreservat ernannt. Seit 1991 auch Europa-Reservat, leben dort 226 Vogelarten, was der Hälfte aller regelmäßig in Europa vorkommenden Arten entspricht. Der größte Teil nistet, für etwa 100 Arten ist das Reservat Rast-, Nahrungs- und Überwinterungsgebiet. Zur Artenvielfalt gehören auch 13 Fledermausarten.

Am 20. Juli 1922 erfolgte die Gründung des Internationalen Komitees für Vogelschutz auf einer Zusammenkunft in London, geleitet von GILBERT PEARSON, New York, zusammen mit 7 Engländern, 2 Niederländern und 1 Franzosen. 1923 folgte die Gründung der Deutschen Sektion mit dem damaligen Leiter Prof. Dr. DROST. Im Juli 1950 wurde in Uppsala das Internationale Komitee nach dem Zweiten Weltkrieg wieder gegründet. In der Erklärung der Grundsätze des Komitees heißt es, dass es gegründet worden sei, damit in der ganzen Welt der Wert, den die Vögel für die Menschheit haben, richtig gewürdigt und die Notwendigkeit ihres wirksamen Schutzes anerkannt wird. Deutschland war von Anfang an an der Vereinigung beteiligt und sein Vertreter war ein Direktor der Staatlichen Stelle für Naturdenkmalpflege in Preußen. 1958 wurde das Komitee umbenannt in den heute noch bestehenden »Internationalen Rat für Vogelschutz«. Mitglieder der Deutschen Sektion sind Forschungsinstitute, für den Vogelschutz zuständige staatliche Institutionen der Bundesländer, vogelkundliche wissenschaftliche Gesellschaften und Vogelschutzvereine. Sie versucht, im Sinne des Naturschutzes auf die Gesetzgebung und deren Vollzug einzuwirken. Auch erarbeitet sie die Rote Liste der gefährdeten Vogelarten und kooperiert mit weit über 60 anderen nationalen Sektionen.

Abb. 25: Vogelschutzpionier CARL WENGLEIN. (Abdruck aus: Kieler Nachrichten).

Ein weiterer Pionier des Natur- und Vogelschutzes war der Fabrikant CARL WENGLEIN (1882-1935) aus Schwabach bei Nürnberg, weltweit bekannt als Entwickler und Hersteller von Grammophonnadeln unter dem Namen »Herold«. 1927 errichtete er die parkähnliche Vogelschutzanlage Schwabach. Allein am Eröffnungstag im Juni 1928 strömten mehr als 4 000 Besucher über die Wege und Pfade.

Auf einer Fläche von sechs Hektar entstand ein weiterer Lehr- und Erholungspark in der Frankenalb bei Hersbruck, der heute »WENGLEINpark« genannt wird. Das Naturschutzgelände Eschenbach war als überdimensionales Alpinium konzipiert. Es beheimatet viele verschiedene Tiere und Pflanzen und ist auch ein artenreiches Vogelparadies. Mit der Anbringung von Nistkästen und Winterfuttergeräten für Vögel, mit denen er auch experimentierte, motivierte WENGLEIN die Besucher zum praktischen Vogelschutz. Auf seinem Fabrikgelände errichtete er ein Naturmuseum, dessen Exponate er von Geschäftspartnern aus aller Welt erhielt. Der größte Teil der Sammlung ist heute im Besitz des Stadtmuseums Schwabach. Darunter sind zahlreiche Vogelnester und ca. 2 000 Vogeleier aus aller Welt, Europas umfangreichste Sammlung. 1931 gründete er den »Weltbund der Natur- und Vogelfreunde Eschenbach-Schwabach e.V.« In der Presse wurde von mehr als einer Million Mitgliedern berichtet. Dennoch kam die Organisation nie über den Status eines auf WENGLEIN zugeschnittenen Privatvereins hinaus. So erklärt sich auch, warum sie nach seinem frühen Tod 1935 kaum noch Erwähnung fand. Trotzdem hatte WENGLEIN über den Weltbund in kurzer Zeit Erstaunliches geleistet. So kämpfte er auch gegen das Fangen und Essen von Singvögeln in ganz Europa, sowie gegen Bälge als Hutschmuck. Der Weltbund soll z.B. über 10 Millionen Unterschriften gegen die italienischen Vogelfänger gesammelt haben.

Abb. 26: Ausschnitt aus WENGLEINs Vogelschutzanlage. (Foto: Ansichtskarte).

Im Juni 1935 wurden ein Reichsjagdgesetz und ein Reichsnaturschutzgesetz erlassen. (Außer Kraft waren sie von 1945 bis 1951.) Am 18. März 1936 trat die Naturschutzverordnung in Kraft, in der auch neue Bestimmungen zum Schutz der Vögel erlassen wurden. In Deutschland stehen nicht alle Vögel unter dem Naturschutzgesetz, sondern ein Teil unterliegt dem Jagdgesetz (jagdbare Vogelarten), zum Teil mit ganzjährigen Schonzeiten. Jedoch genoss nun die größte Zahl der in Deutschland vorkommenden Arten den völligen Schutz.

Im Jahr 1936 wurde erneut an Nistkästen weiter gepröbelt. Gleich nach dem Zweiten Weltkrieg wurde das Material Holz ein Problem, da es auf Grund der geringen Holzzuteilung infolge der Rohstoffverknappung im Krieg eine teuere Anschaffung war. Die Holznistkästen im Forst, welcher Großabnehmer war, wurden auch oft vom Specht aufgeschlagen und

Abb. 27: KARL SCHWEGLER (links), Firmengründer der heute noch bestehenden Firma SCHWEGLER Vogel- und Naturschutzprodukte GmbH in enger Verbundenheit mit SEBASTIAN PFEIFER, Direktor der Vogelschutzwarte in Frankfurt a. M. (Foto: Archiv Fa. SCHWEGLER).

Abb. 28: Einer der ersten Holzbetonnistkästen der Fa. SCHWEGLER, um das Jahr 1950, ausgestattet noch mit Holzhalteleiste. (Foto: G. FÖHR).

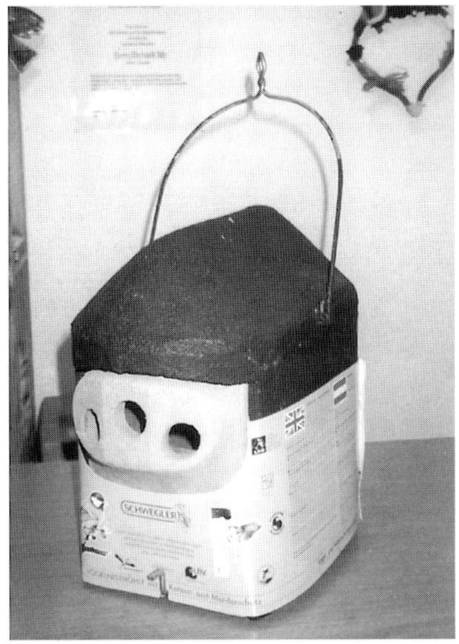

Abb. 29: Moderner Holzbetonnistkasten der Fa. SCHWEGLER Vogel- und Naturschutzprodukte GmbH im Jahr 2004. (Foto: G. FÖHR).

hatten eine geringe Lebensdauer. Darum suchte man als Ersatz nach einem anderen geeigneten Material zur Herstellung von Nistkästen. KARL SCHWEGLER, Gründer der Firma Schwegler-Vogelschutzgeräte, Schorndorf, war der erste Fabrikant von Holzbetonnistkästen, welche aus einer Mischung von Holzsägespänen, Zement mit Wasser und weiteren atmungsaktiven Zuschlägen in aufwändige Formen gestampft und gepresst werden. Das gleiche Material wurde damals bereits im Wohnungsbau für Isolierplatten verwendet. KARL SCHWEGLER fühlte sich sehr stark der Natur und der Ornithologie verbunden und hatte intensive Kontakte zu anerkannten Ornithologen und Vogelschützern. Zuvor hatte auch er Holznistkästen in großen Stückzahlen hergestellt und verkauft.

Ursprünglich war die Firma SCHWEGLER eine Drescherei in Schorndorf-Haubersbronn, welche auch Gehwegplatten und Blockstufen für die Landwirtschaft sowie für den Garten- und Landschaftsbau produzierte. Daraus wurde später ein eigenes Betonsteinwerk mit Standardware und Sonderanfertigungen.

Die Holzbetonnistkästen sind bis zu 25 Jahre und länger haltbar, ihr Innenklima ist dem von Holznistkästen gleichgestellt und sie werden genauso gut bzw. zum Teil sogar besser angenommen. (Spezielle, an die Bedürfnisse der einzelnen Arten angepasste Nistkästen werden von diesen nochmals bevorzugt. Dies stellten in intensiven Versuchen und Vergleichen HANS LÖHRL, KARL SCHWAMMBERGER und HERBERT BRUNS fest). Bis heute wurden 10 Millionen Holzbetonnistkästen allein von der Firma SCHWEGLER Vogel- und Naturschutzprodukte GmbH produziert, die inzwischen von AXEL PAPENFOTH, dem Schwiegersohn des verstorbenen Firmengründers geleitet wird. Sie dürfte heute und auch weiterhin der weltgrößte Hersteller von Nisthilfen und sonstigen Vogel- und Naturschutzgeräten sein und liefert auch weltweit.

HANS LÖHRL war von 1938 bis 1962 Leiter der Staatlichen Vogelschutzwarte Baden-Württemberg und anschließend bis 1976 Leiter der Vogelwarte Radolfzell. In der Zeit als Leiter der Vogelschutzwarte stand ihm der Vogelschutztechniker KARL SCHWAMMBERGER zur Seite. LÖHRL war auch Autor, u.a. mehrerer Bände in der Neuen Brehm-Bücherei über verschiedene Vogelarten. Hauptsächlich widmete er sich den Tannen- und Haubenmeisen, aber auch den Mehl- und Rauchschwalben. Er propagierte besonders ihren Schutz mittels künstlicher Schwalbennester, nachdem die Bestände schon in den Siebziger Jahren rapide abgenommen hatten. HERBERT BRUNS war seit 1950 für den Deutschen Bund für Vogelschutz tätig und auch Herausgeber der heute noch bestehenden Zeitschrift »Ornithologische Mitteilungen«.

Abb. 30: Dr. HANS LÖHRL. (Foto: HILDEGARD LÖHRL).

Viele weitere Hersteller von Nistkästen folgten. Ebenso kamen auch andere Materialen, wie Ton, Blech, Karton, Press-Späne und Kunststoffe zur Verwendung. Dass diese Materialien sich nicht eigneten, wurde sehr bald festgestellt. Aber auch Holzbeton gab es bald von vielen Herstellern und in verschiedenen Qualitäten. Manche Produkte zogen zuviel Feuchtigkeit an und konnten immer noch vom Specht aufgeschlagen werden. Andere Hersteller hatten wieder zuviel Zement beigemischt, wodurch sich das Innenklima verschlechterte. Diese ungeeigneten Nistkästen

Abb. 31: Vogelschutzgeräte im Lehrmittelsaal der Vogelschutzwarte Baden-Württemberg in Hohenheim 1938. (Abdruck aus: Festschrift 50 Jahre Staatliche Vogelschutzwarte Baden-Württemberg).

bildeten für die Vögel eine absolute Todesfalle, da sie innen zu feucht wurden und die unterkühlten Jungvögel eingingen. Es wurden darum auch immer wieder Stimmen laut, doch zum alten Werkstoff Holz zurückzukehren. Zahlreiche Versuche mit Holzbetonnistkästen zeigten jedoch immer wieder, dass diese neuen Nisthöhlen den alten Holzkästen weit überlegen waren. Die Vogelschutzwarte in Frankfurt hat z.B. die vielfältigsten zum Kauf angebotenen Nistkästen in der Praxis nach festen Anforderungen und Richtlinien (erstmals 1953) auf ihre Eignung getestet und bewertet. Die Biologische Bundesanstalt Darmstadt, Institut für biologische Schädlingsbekämpfung, gab dann dem jeweiligen Nistkastentyp bei Eignung ein Prüfzeichen. Auch heute kann dieses Siegel dort noch beantragt werden.

Abb. 32: Mit solchen künstlichen Schwalbennestern können Mehlschwalben sogar eine ganze Kolonie aufbauen. Rauchschwalbennester dagegen werden im Viehstall ca. 6 cm unterhalb der Decke angebracht und sind oben offen (halbschalig). (Foto: G. FÖHR).

HEINRICH GASOW, Begründer und langjähriger Leiter der Nordrhein-Westfälischen Vogelschutzwarte seit 1939, hat ebenfalls verschiedene Nistkästen entwickelt, beispielsweise den »Westfälischen Starnistkasten«.

Auf Anordnung der Besatzungsmächte wurde 1949 eine Sperlingsbekämpfungsaktion durchgeführt, um das benötigte und lebenswichtige Getreide vor dem Vogelfraß zu bewahren. Die Umsetzung dieser Vorgabe wurde den Vogelschutzwarten übertragen. Eine spürbare Bestandsverringerung der Sperlinge wurde aber nicht erreicht.

In der ehemaligen DDR ist das Reichsnaturschutzgesetz 1954 durch ein DDR-Naturschutzgesetz ersetzt worden und 1970 vom Landeskulturgesetz der DDR nebst der 1. DVO (NatSchVO) abgelöst worden. Eine Verordnung vom 7. April 1961 über die Jagd- und Schonzeiten von bestimmten Vogelarten wie Fischadler, Brachvogel, Mäusebussard, Rauhfußbussard, Rohrweihe, Möwen und Sägern sorgte bei den Vogelschutzverbänden für Unverständnis. Teilweise waren die Schonzeiten ungünstig gewählt, Sondergenehmigungen zur Jagd auf nützliche und seltene Vogelarten möglich.

SEBASTIAN PFEIFER beschrieb zusammen mit seinem Assistenten WERNER KEIL im Jahr 1962 den sog. »Therapeutischen Vogelschutz«. In Zusammenarbeit mit Medizinern wurde nachgewiesen, dass das Beobachten und Füttern von Vögeln in den Kurparks einen messbaren positiven Einfluss auf physisch und psychisch kranke Menschen haben kann. Der Bund für Vogelschutz ließ die Arbeit der beiden drucken und an alle Kurorte verteilen.

Eine weitreichende Entscheidung traf das Ministerium für Ernährung, Landwirtschaft und Forsten Baden-Württemberg am 11. März 1975 in einer gesetzlichen Verordnung: Alle Greifvögel in Baden-Württemberg werden vor Bejagung, Haltung, Kauf, Tausch und Versand geschützt. Daran schloss sich das Bundesjagdgesetz in der Fassung der Bekanntmachung vom 29. September 1976 an. Ab 10. November 1976 galt das Bundesnaturschutzgesetz für die ganze BRD. Dies war der Erfolg aller Bemühungen der aktiven Vogelschützer seit der Gründung des Bundes für Vogelschutz durch LINA HÄHNLE.

Am 29. September 1978 wurde in Florenz die »Working Group of European Bird Societies« gegründet. Ihr gemeinsames Ziel ist die Bekämpfung der Zugvogeljagd im Mittelmeerraum und eine engere Zusammenarbeit in praktischen Vogelschutzangelegenheiten. Am 19. Dezember 1978 erließ das Europaparlament die lang erwartete EG-Vogelschutzrichtlinie. Sie tritt am 2. April 1979 in Kraft. Auf dem Papier wurden die Forderungen nach dem vollständigen Schutz gefährdeter Brutvogelarten, dem Verbot der Frühjahrsjagd, der Ausweisung großräumiger Schutzzonen für Zugvögel sowie dem Verbot des Massenfanges und der Tötung von Vögeln erfüllt. Leider dürfen z.B. in Frankreich weiterhin Drosseln und Lerchen gejagt werden.

Ebenfalls 1979 wurden die Bonner und die Berner Konvention verfasst. Das in Bonn am 23. Juni 1979 unterzeichnete Abkommen mit knapp 80 Vertragsparteien hat den Schutz wandernder Arten zum Ziel. Die Berner Konvention wurde am 19. September 1979 abgeschlossen und trat am 12. März 1981 in Kraft. Die BRD ist ihr am 13. Dezember 1984 beigetreten. Das entsprechende Bundesgesetz gilt seit dem 1. April 1985 und soll die Erhaltung der europäischen wildlebenden Tiere und Pflanzen in ihren natürlichen Lebensräume sichern helfen.

Schon seit 1970 wird vom DBV eine Vogelart zum »Vogel des Jahres« benannt, welche besonders schutzbedürftig ist. Diese Kampagne war auch ein Grund zur Einführung des Gesetzes und der Artenschutzregelungen, wie z.B. dem Schutz von Nestern bzw. Horsten von Graureihern und Greifvögeln, sowie von Brutkolonien, etwa der Saatkrähe. Eine nachhaltige Verbesserung ihrer Lebensbedingungen erfuhren dadurch auch direkt unter Verfolgung leidende Großvögel wie der Weißstorch. Es war außerdem eine Ergänzung zur Washingtoner Artenschutzkonvention (Übereinkommen über den internationalen Handel mit gefährdeten Arten freilebender Tiere und Pflanzen), welche am 20. Juni 1976 für die Bundesrepublik Deutschland in Kraft getreten war. Mit der Verabschiedung des 1. Bundesnaturschutzgesetzes und mit dessen Inkrafttreten am 1. Januar 1987 wurden auch die Rabenvögel unter Schutz gestellt.

In Italien ist der Singvogelfang immer noch nicht grundsätzlich verboten, der Abschuss und Fang von Drosseln und Buchfinken in vielen Regionen legal. Obwohl auch dort der Großteil der Vogelarten unter völligem Schutz steht, werden insbesondere zur Zugzeit Rotkehlchen, Steinschmätzer, Greifvögel und Turteltauben von Wilderern geschossen bzw. mit Fallen, Netzen oder Leimruten gefangen. Brennpunkte der illegalen Wilderei sind vor allem Norditalien (Lombardei) und die mittel- und süditalienische Westküste.

Die am 1. Mai 2004 vollzogene EU-Erweiterung ist auch mit großen Hoffnungen für den europäischen Zugvogelschutz verbunden. Schließlich gelten nun selbst in Malta die strengen europäischen Naturschutzrichtlinien. Die Realität sieht bisher aber anders aus. Immer noch werden illegal Zugvögel abgeschossen, so beispielsweise Hunderte von Wespenbussarden, die am Tag des Beitritts auf dem Weg in ihre skandinavischen Brutgebiete waren. Es bleibt nur zu hoffen, dass die EU-Kommission auf die Einhaltung der Gesetze drängt.

Die Weiterentwicklung des Nistkastens bis hin zum »heutigen Stand« ist zum größten Teil OTTO HENZE aus Überlingen (1908-1991) zu verdanken. Er hatte mit den verschiedenartigsten Nisthilfen, insbesondere solchen für kleine Höhlenbrüter, praktische Versuche in mehreren Forstrevieren gemacht. (Eines davon, das Revier Schenkenwald bei Baindt, wird auch heute noch intensiv von seiner Frau LUISE HENZE in Zusammenarbeit mit dem Forstamt Bad Waldsee betreut.) 1934 promovierte er über Forstinsekten in München und entschied sich für die Forschertätigkeit auf dem Gebiet der forstwissenschaftlichen Ornithologie. Nach der forstlichen Staatsprüfung 1935 wurde er gleich im Jahr darauf mit der Gründung und dem Aufbau der Staatlichen Vogelschutzwarte Baden-Württemberg, damals in Stuttgart-Hohenheim beauftragt, nachdem er mit einigen beachtlichen vogelkundlichen Veröffentlichungen in verschiedensten Fachzeitschriften, insbesondere der Forstwirtschaft, hervorgetreten war. Im Jahr 1939 folgte er dem Ruf der Bayerischen Staatsforstverwaltung und

Abb. 33: Dr. OTTO HENZE und seine Frau lassen Kinder in einen Nistkasten schauen, in dem die brütende Kohlmeise sogar sitzen bleibt. (Abdruck aus: Vogelnistkästen in Garten und Wald von HENZE und GEPP).

wurde Leiter der Vogelschutzwarte Bayern in Garmisch-Partenkirchen, welche er über 20 Jahre betreute. 1959 tritt HENZE zur Forstlichen Forschungsanstalt nach München über, wo er sich ganz den biologischen Vorbeugemaßnahmen gegen forstliche Schadinsekten widmete. Zusätzlich wurde er noch mit Lehraufträgen an der Universität München und an der Forstschule Lohr am Main betraut.

HENZE machte Versuche zur Brutraumgröße, welche nach seiner Erkenntnis den »richtigen« Nistkasten von heute ausmacht. So stellte er es in der letzten (1991) der bisher in 4 Auflagen erschienenen Kontrollbücher für Vogelnistkästen unter dem Titel »Die richtigen Vogelnistkästen in Garten und Wald« dar. Seine Erkenntnisse und Erfahrungen fanden ihren Ausdruck in über 100 Veröffentlichungen. Der »richtige« Vogelnistkasten muss geräumig sein und einen Vorplatz haben, so dass die Vögel vor Nesträubern geschützt sind. Es wurde immer wieder festgestellt, dass gerade Marder Nistkästen besser ausfindig machen als natürliche Nisthöhlen in Bäumen. Somit sollten eigentlich vor allem im Wald keine Nistkästen ohne Raubzeugschutz aufgehängt werden. Schon ein einfacher Verzicht auf die Sitzstange vor dem Flugloch ist sehr effektiv. Ohne Sitzstange werden Nistkästen von den meisten Höhlenbrütern sogar besser angenommen. Eine ganz wichtige Erkenntnis ist auch, dass die Vögel lieber ihr Nest in den hinteren, tieferen Teil des Nistkastens bauen. So müssen die Altvögel beim Füttern nicht direkt auf ihren Jungen sitzen. Bei Regen werden die Jungen dann auch nicht von ihren Eltern mit Nässe benetzt, bleiben trockener und wärmer. Ebenso können die Jungen sich bei mehr Platz besser entwickeln, d.h. sie bleiben bis zur vollen Entwicklung der Flugfähigkeit im Nistkasten und verlassen ihn nicht aus Platzgründen zu früh. Flugfähige Jungvögel entkommen ihren natürlichen Feinden besser.

Die großzügige Geräumigkeit und die Grundfläche eines Nistkastens spielen aber auch bei den großen Höhlenbrütern, wie Greifvögeln, Eulen und Tauben eine wichtige Rolle. Diese Vogelarten tragen für gewöhnlich kein Nistmaterial in den Nistkasten ein. Damit die Eier nicht wegrollen können und das Gelege zusammen hält, sollten in die Kästen Torf, Sägemehl oder grobe Hobelspäne ca. 5 cm hoch eingestreut werden. Ist die Grundfläche zu klein, kann es während der Jungenaufzucht zu einem sog. Kloakenmilieu kommen. Die Einstreu kann dabei die Feutigkeit nicht ausreichend binden und der Nistkasteninnenraum verwandelt sich in ein »Schlammbad«.

Um einen möglichst hohen Artenanteil im jeweiligen Gebiet zu erzielen, muss auf die Fluglochgröße ebenfalls geachtet werden. So hatte man bei Fluglochdurchmessern ab 28 mm des öfteren das Problem, dass Gebiete durch Sperlinge überbesiedelt wurden. Beim engsten möglichen Durchmesser von 26 mm stellte man fest, dass sich die Altvögel beim Hindurchzwängen durchs Flugloch die Federn am Flügelbug rechts und links meist so stark abwetzten, dass es blutete und schmerzte. Bei 27 mm Fluglochdurchmesser wurde dieses Problem behoben und Sperlinge kamen meist auch noch nicht hindurch. (Am Rande bemerkt sind Haus- und Feldsperlinge während der Brut- und Aufzuchtzeit genauso nützlich wie die Meisen und bedürfen inzwischen ebenfalls unseres Schutzes).

Vorsicht geboten ist beim Verwenden von ausgestanzten Fluglochblechen, welche ein Aushacken durch Spechte verhindern sollen. Meisen picken gerne die Löcher etwas größer und dann reiben sich die Altvögel am scharfen Blech. Versuche von HENZE in Zusammenarbeit mit den Nisthöhlenfabrikanten SCHWEGLER und EMBA ergaben auch, dass Blaumeisen mehr Helligkeit am Nest lieben und Nistkästen mit 3 Fluglöchern präferierten. Kohlmeise, Gartenrotschwanz und Kleiber bevorzugen ein ovales Flugloch von 3 x 4,5 cm, das für ihre Füße bequemer als ein rundes Flugloch ist und dazu noch dem Kleiber die Möglichkeit zum Kleben gibt. Daher richten sich heute viele Hersteller bei der Produktion von künstlichen Nisthilfen nach diesen Prämissen.

Abb. 34: Selbst Blaumeisen mit ihren bis zu 14 Jungen haben in solchen geräumigen Nistkästen von 14 x 19 cm Grundfläche einen ausreichenden Vorplatz, um ihre Jungen übersichtlich füttern zu können. Dadurch entwickeln sich die Jungen gleichmäßiger. (Abdruck aus: Vogelnistkästen in Garten und Wald von HENZE und GEPP).

Trotzdem tauchen auch heute noch immer wieder die kuriosesten Modelle auf, welche viel zu klein oder aus ungeeignetem Material hergestellt sind. Die Vögel nehmen sie aus Brutplatzmangel trotzdem an, aber leider spielen sich in den Kästen Tragödien ab, wenn die Jungen z.B. durch Enge oder Schwitzen qualvoll eingehen. Gerade letzteres bewirkt zum Beispiel Kunststoff und ist mit sehr schlechten Ergebnissen als völlig ungeeignet zu bewerten (s. Abb. 35 u. Richtlinien der Biologischen Bundesanstalt Darmstadt.)

Abb. 35: Der fütternde Altvogel muss in einer zu engen Nisthöhle mit nur 10 cm Brutraumdurchmesser auf seine Jungen hüpfen. Im Alter von 9 Tagen sind die Blutkiele ihrer Flügelfedern besonders empfindlich. (Abdruck aus: Vogelnistkästen in Garten und Wald von HENZE und GEPP).

Abb. 36: Solche Nistkästen aus Kunststoffrohren sollten den Vögeln nicht angeboten werden! (Foto: G. FÖHR).

Im Garten können weiterhin bedenkenlos großräumige Nistkästen aus Holz aufgehängt werden, im Wald jedoch verwendet man besser Nistkästen aus Holzbeton, denn dort werden Holznisthilfen des öfteren von Spechten aufgeschlagen, welche gelegentlich sogar die Nestlinge herausziehen und sie an die eigenen Jungen verfüttern.
Man stellte immer wieder auch Fledermäuse in Vogelnistkästen fest. Darum baute WILHELM PETER ISSEL (1915-1998) seit 1950 auf Anregung von WILHELM GRAF VON GÖRTZ spezielle Fledermauskästen. Seither wurden auch hier verschiedene Nistkästen entwickelt und Erfolge erzielt. Die Spezialnistkästen sind meist so konstruiert, dass Fledermäuse durch das Flugloch hindurch kommen, aber Vögel nicht mehr. Man hatte nämlich festgestellt, dass Fledermäuse leere Nistkästen gegenüber mit Nistmaterial gefüllten bevorzugen.

Am besten für Fledermäuse geeignet sind jedoch die speziell an ihre Bedürfnisse angepaßten Hilfen. Auch hier verfügt die Fa. SCHWEGLER Vogel- und Naturschutzprodukte über ein breites Angebot an bewährten und haltbaren Produkten aus Holzbeton, wie z.B. Fledermaushöhlen und -kästen, Überwinterungshöhlen und Niststeine.

Abb. 37: Ansichtskarte mit Ausschnitten aus dem Nistkasten- und Vogelschutzmuseum. (Foto: T. MUTH).

Abb. 38: Nistkästen und Futterhäuser aus dem Ausland. Auch in anderen Ländern wurden und werden Nistkästen produziert. Der größte Teil der international verwendeten Nistkästen wird aber aus der BRD bezogen. (Foto: G. FÖHR).

Abb. 39: Waldkauz am Holzbetonkasten. (Foto: K. STORSBERG).

Abb. 40: Fütternde Zwergohreule am Holznistkasten »Marke Eigenbau«. (Foto: K. STORSBERG).

Abb. 41: Fütternder Halsbandschnäpper am Nistkasten aus Holz, der perfekt einer natürlichen Baumhöhle nachempfunden wurde. (Foto: K. STORSBERG).

Abb. 42: Kohlmeise an einem Holzbetonnistkasten mit Vorbau. (Foto: FA. SCHWEGLER).

2 Historische Nistkästen

Eine Auswahl historischer Nistkästen für verschiedene kleine Höhlenbrüter aus der Sammlung im Museum des Autors. (Fotos: G. FÖHR).

Abb. 43: »SCHLÜTER`sche Nisturnen« aus gebranntem Ton, ehem. Herstellerfirma Walter Menzel, Holzkirch-Lauban (heute Tschechien), Baujahr um 1920.

Abb. 44: 2 Klappdeckelnistkästen zur Katzen- und Marderabwehr und 1 raubzeugsicherer Nistkasten mit Vorbau aus Holz, um 1935 von der ehem. Fa. HEINZELMANN, Leutkirch, in hohen Stückzahlen hauptsächlich für die Forstwirtschaft hergestellt.

Abb. 45: Nistkästen aus Edelstahlblech, Kunststoff und Holzbeton. Hersteller und Baujahr unbekannt. / Nistkasten aus Quartzit-Naturstein von Hersteller YORK VON IGEL, Wiesbaden um 1990.

Abb. 46: Styropornistkasten, Hersteller FRITZ ABBÜHL, um 1963, Adliswil (Schweiz). / Blechnistkasten von Dr. HEINRICH GASOW um 1949. / Nistkasten aus Steinfilz, ehem. Hersteller E. MAIER, Rüti (Schweiz) um 1910./ Nistkasten aus gebranntem Ton von der Herstellerfirma THOMAS-ROSENTHAL-Porzellan, Selb um 1980.

Abb. 47: Nistkästen aus Holzbeton für Baumläufer, Stare u.a. Vögel bis Meisengröße, Flugloch 32 mm Durchmesser, Hersteller um 1970 Vogelwarte Sempach (Schweiz).

Abb. 48: Kunststoffnistkästen mit verschiedenen Fluglochgrößen vom ehem. Hersteller KURT GRAF, Sprockhövel um 1985.

Abb. 49: Holznistkasten mit Haltestäben, Hersteller und Baujahr unbekannt. / Holzbetonnistkasten von Hersteller PAUL SALAMON, Heideck um 1980. / Holznistkasten mit Flugloch am Boden, Hersteller und Baujahr unbekannt. / Holznistkasten mit Raubzeugschutz von ehem. Herstellerfirma PURUS Dr. Reichle, Mannheim um 1980.

Abb. 50: Dreiecknistkasten, Nistkastenscheibe und Bogennistkasten aus Holzbeton von ehem. Herstellerfirma BALTHASAR THÜRING, Selb-Hohenmühle um 1950.

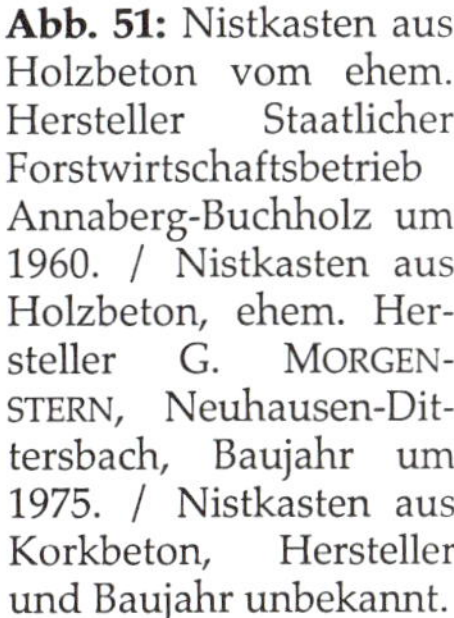

Abb. 51: Nistkasten aus Holzbeton vom ehem. Hersteller Staatlicher Forstwirtschaftsbetrieb Annaberg-Buchholz um 1960. / Nistkasten aus Holzbeton, ehem. Hersteller G. MORGENSTERN, Neuhausen-Dittersbach, Baujahr um 1975. / Nistkasten aus Korkbeton, Hersteller und Baujahr unbekannt.

Abb. 52: Nistkästen aus Kunststoff der Firma Thermoplastik, Bensheim um 1990.

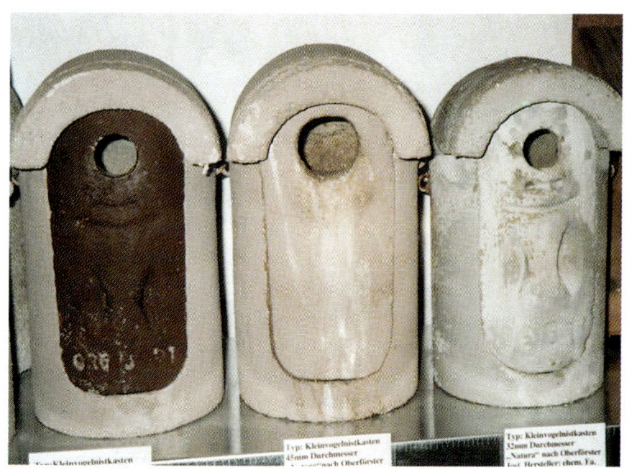

Abb. 53: Nistkästen aus Holzbeton nach Oberförster JOST von ehem. Herstellerfirma P. SCHRÖDER, Friedberg-Burgholzhausen und H. LEHNER, Bayerisch Eisenstein um 1960.

Abb. 54: Nistkästen aus Holzbeton des ehem. Herstellers HERBERT HEFT, Niedermülsen um 1960.

Abb. 55: Baumläufernistkästen und Halbhöhlen aus Holzbeton des Herstellers HANS MOHR, Attenweiler-Rupertshofen, Baujahr um 1985.

Abb. 56: Universalnistkasten für Star und Fledermaus aus Holz. / Fledermauskasten aus Holz./ Baumläufernistkasten aus Holz. Alle vom ehem. Hersteller KARL HAHNE, Schwanewede um 1990.

Abb. 57: Nistkästen aus Kunststoff der Herstellerfirma Capkaplast, Stuttgart, Baujahr um 1985.

Abb. 58: Baumläufernistkasten aus Holz mit einem seitlichen Eingang, Baujahr um 1960. / Baumläufernistkasten aus Holzbeton mit zwei Eingängen, Baujahr um 1955. / Baumläufernistkasten aus Holzbeton mit zwei seitliche Eingängen und Vorbau als Raubzeugschutz, Baujahr um 1975. Alle von Herstellerfirma SCHWEGLER Vogel- und Naturschutzprodukte, Schorndorf.

Abb. 59: Nistkasten aus porenhaltigem Beton von Herstellerfirma Wisi-Bims-Spezialbau um 1970. / Fledermauskästen aus Holzbeton, Hersteller und Baujahr unbekannt. / Nistkasten aus Holzbeton der ehem. Herstellerfirma Pracownia, Nowy Sacz (Polen) entwickelt von Prof. GRACZYK um 1980.

Abb. 60: Nistkasten aus Holzbeton mit längerer Einschlupfröhre als Raubzeugschutz, um 1955. / Nistkasten aus Holzbeton mit Marderschutzspirale außen, um 1980. / Nistkasten aus Holzbeton mit Marderschutzdrahteinlage in der Innenseite der Vorderwand, um 1974. Alle von Herstellerfirma SCHWEGLER Vogel- und Naturschutzprodukte, Schorndorf.

Abb. 61: Nistkästen aus Kunststoff der Herstellerfirma Dupol-Rubbermaid-Curver um 1965.

Abb. 62: »Niederrohrdorfer Blechnistkästen« von ehem. Herstellerfirma EGLOFF, Niederrohrdorf (Schweiz) um 1960.

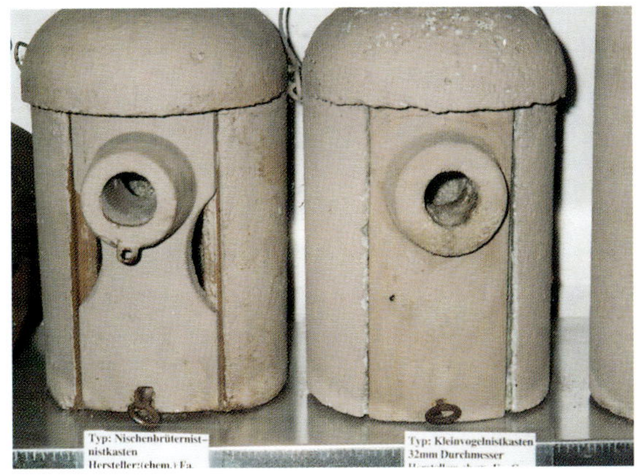

Abb. 63: Nistkästen aus Holzbeton für Nischen- und Höhlenbrüter der ehem. Herstellerfirma STROBEL, Weil im Schönbuch-Breitenstein um 1980.

Abb. 64: Nistkästen aus Holzbeton in verschiedenen Ausführungen von ehem. Herstellerfirma MATOLD, Büchenbach um 1975.

Abb. 65: Nistkasten aus Holzbeton in Dreieckform um 1980. / Nistkästen aus Holzbeton mit abnehmbarem Kegeldach um 1960. Alle von Herstellerfirma EMBA, Künzelsau.

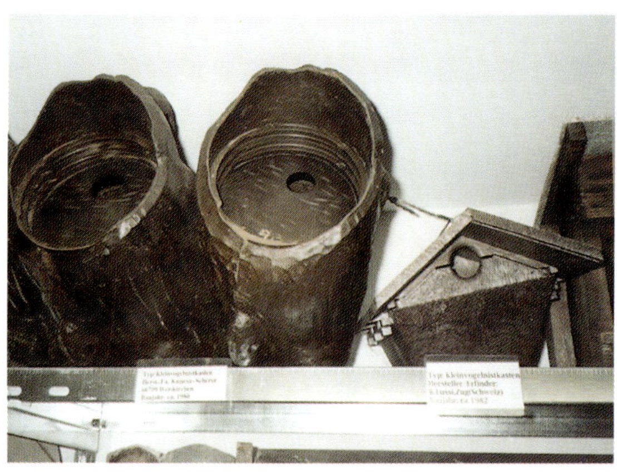

Abb. 66: Nistkasten aus Kunststoff in Astform der Herstellerfirma KUNESA-SCHERER, Weiskirchen um 1980. / Nistkasten aus Kunststoff des ehem. Herstellers ROLUSSI, Zug (Schweiz) um 1982.

3 Praktischer Vogelschutz für jedermann

3.1 Wichtige Regeln zum Selbstbau von Nistkästen

Zum Selbstbau von Nistkästen eignet sich als Grundmaterial Holz. Besonders ungehobelte Fichte, Kiefer, Eiche, Weißbuche oder Erle mit einer Stärke von 20 mm kommen in Frage.

Beschlag- und Eisenteile sollten verzinkt oder aus Edelstahl sein. Nur die Außenseiten des Nistkastens werden mit Firnis/Leinöl behandelt, nicht mit chemisch hergestellten Farben. Auf Dachpappe kann zu Gunsten von nicht rostendem Blech auf dem Holzdach verzichtet werden. Besonders beim Bau von Fledermaushilfen muss darauf geachtet werden, dass der Kasten, z.B. durch Verarbeitung mit Nut und Feder oder durch Verleimung, fugenfrei wird, weil die Tiere sehr empfindlich auf Zugluft reagieren.

Der Fantasie an der Form sind eigentlich keine Grenzen gesetzt. Es sollten nur die Grundmaße eingehalten und alles so konstruiert werden, dass der Kasten zur Kontrolle und Reinigung ohne Werkzeug leicht geöffnet werden kann.

3.2 Bauanleitung für einen Nistkasten

Der Nistkasten in der nachstehenden Bauanleitung kann durch Austausch der Vorderwand sowohl für kleine Höhlenbrüter als auch für Nischenbrüter aufgehängt werden: für kleine Höhlenbrüter mit Fluglochdurchmesser 27 mm (Blaumeise, Sumpfmeise, etc.) oder Fluglochdurchmesser 32 mm (Kohlmeise, Kleiber, etc.) bzw. für Nischenbrüter mit 2 ovalen Fluglöchern je 30 x 60 mm (Hausrotschwanz, Gartenrotschwanz, Bachstelze, Grauschnäpper, Zaunkönig etc.)

Abb. 67: Der »richtige« Nistkasten z.B. in einer Holzversion zum einfachen Selbstbau. (Foto: G. FÖHR).

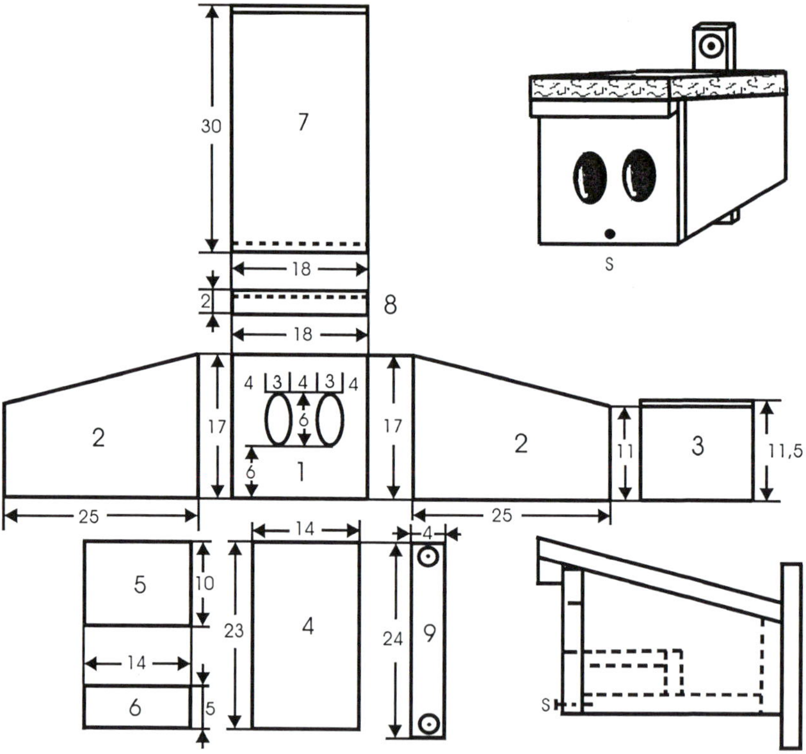

Abb. 68: Bauanleitung eines raubzeugsicheren Nistkastens nach Oberforstmeister Dr. OTTO HENZE. Maße in cm, Brettstärke 2 cm. 1 – Fluglochwand zum Öffnen, 2 – Seitenwände, 3 – Rückwand, 4 – Boden, 5 – Einbauboden, 6 – Nestleiste, 7 – Dach, 8 – Halteleiste, 9 – Aufhängeleiste, s – Schraube als Verschluss (Zeichnung: G. FÖHR, Bearbeitung: ELISABETH VON WESTARP).

Vorgehensweise beim Bau des Nistkastens:

1. Zuschnitt aller Holzteile, einschließlich Schräge an Rückwand 3.
2. Aus der Fluglochwand 1 die ovalen Fluglöcher mittels Lochsäge oder Stichsäge aussägen. Die Einzel-Fluglöcher (27 oder 32 mm) kommen in die Mitte und in die gleiche Höhe wie die ovalen.
3. Einbauboden 5 mit Nestleiste 6 und Boden 4 zusammenfügen.
4. Rückwand 3 mit Boden 4 zusammenfügen.
5. Die beiden Seitenwände 2 mit Boden 4 und Rückwand 3 zusammenfügen.
6. Dach 7 mit Rückwand 3 und beiden Seitenwänden 2 zusammenfügen.
7. Aufhängeleiste 9 mit Rückwand 3 zusammenfügen. Hier ist es ratsam, diese beiden Teile mit 2 durchgehenden Maschinenschrauben M 8 x 50 mm und Unterlegscheiben zu verbinden. Als Alternative kann man auch an Stelle der Aufhängeleiste 9 mittels Krampen einen Drahtbügel an den beiden Seitenwände (ausgemittelt) befestigen.
8. Fluglochwand 1 einsetzen und mit einem Reiber s (Winkelschraube) an vorgebohrter Stelle mit Boden 4 verschrauben, welcher zur Kontrollöffnung dient.
9. Halteleiste 8 mit Dach 7 zusammenfügen.

3.3 Welche Nistkästen und Nisthilfen gibt es noch?

Im Handel kann man heute alle möglichen Nistkästen für verschiedenste Vogelarten und Fledermäuse käuflich erwerben (Bezugsadressen s. Kap. 5). Man kann sie mit etwas handwerklichem Geschick auch selbst aus Holz bauen. (Regeln s. Kap. 3.1, Aufhängung s. Kap. 3.4). Einige Beispiele geben die folgenden Fotos. Teilweise handelt es sich um spezielle Nistkästen für eine bestimmte Vogelart, wobei in ihnen trotzdem auch andere Arten angetroffen werden können. Außerdem sind gut geeignete Grundmodelle abgebildet. An ihnen haben eifrige Vogelschützer schon vieles konstruiert, um eine noch bessere Annahme zu erzielen und die Jungen vor Raubzeug zu schützen.

Sogar für den bedrohten Eisvogel und die Uferschwalbe kann man künstliche Niströhren fertigen.

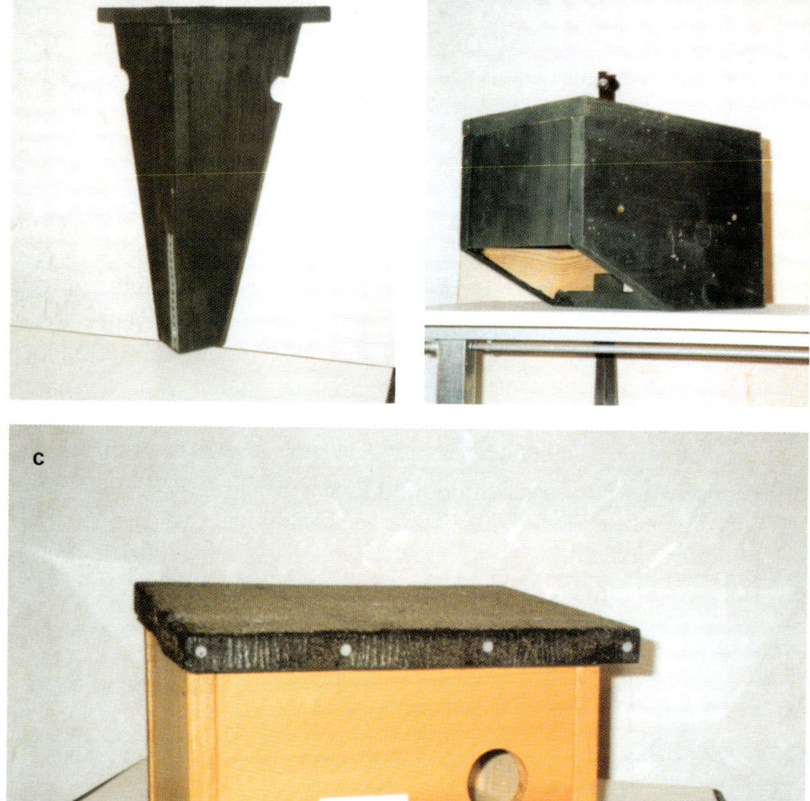

Abb. 69: Nistkasten-Grundmodelle aus Holz zum Selbstbau. (Fotos: G. FÖHR).

a: Baumläufernistkasten ohne Rückwand; b: Wasseramselnistkasten; c: Mauerseglernistkasten

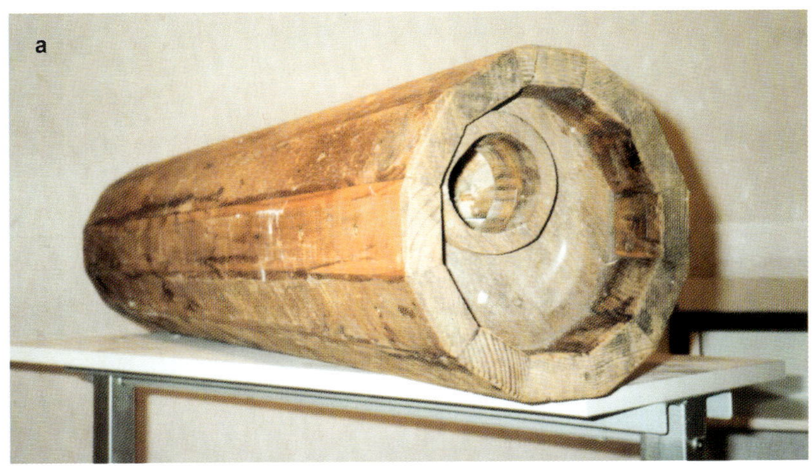

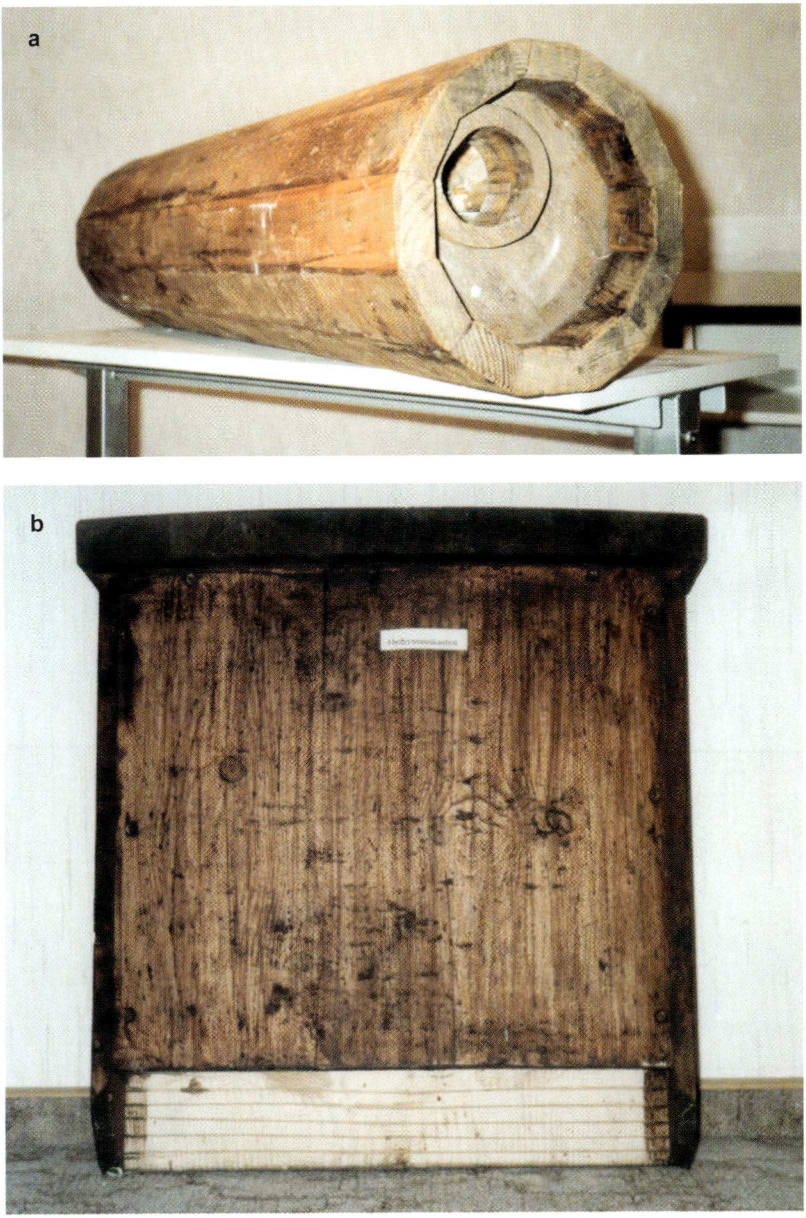

Abb. 70: Nistkasten-Grundmodelle aus Holz zum Selbstbau. (Fotos: G. Föhr).
a: Steinkauzröhre; b: Fledermauskasten

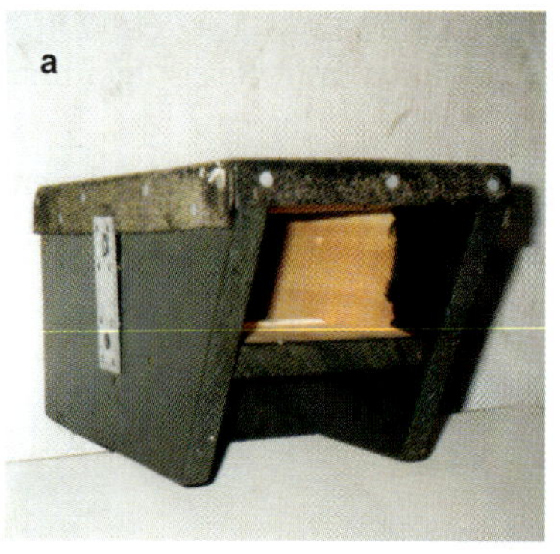

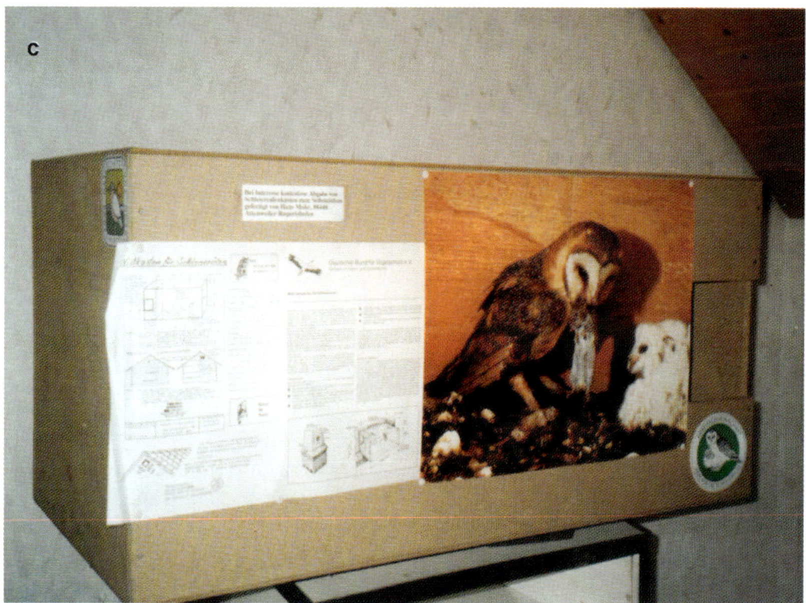

Abb. 71: Nistkasten-Grundmodelle aus Holz zum Selbstbau. (Fotos: G. FÖHR).
a: Halbnistkasten; b: Turmfalkennistkasten; c: Schleiereulennistkasten

Freibrütern kann man den Nestbau erleichtern, indem man sog. Nisttaschen aus mehreren, ca. 1 m langen Kiefern- oder Ginsterzweigen fertigt. Diese werden so an einen geschützten Stamm gebunden, dass eine faustgroße Mulde entsteht. Aus grobmaschigem Drahtgeflecht lässt sich eine Kugel von etwa 50 cm Durchmesser formen, welche man innen mit

Reisig ausfüllt und frei an einem Ast aufhängt. Beispielsweise für Waldohreulen befestigt man etwas höher in Bäumen mit Reisig gefüllte Weidenkörbe als Nistunterlagen.

Ein leicht verständliches Anleitungsheft zum Bau dieser verschiedenen Nistkästen und Nisthilfen für Vögel, Fledermäuse und Igel sowie für Winterfuttergeräte erhält man zum Selbstkostenpreis plus Porto beim Autor (Vogelschutzinformationsstelle, Gerhard Föhr, Alte Steige 6, 88400 Ringschnait).

3.4 Anbringung der Nistkästen

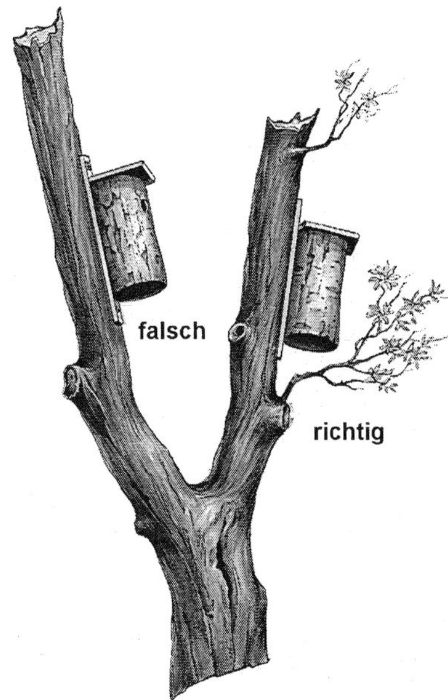

Abb. 72: Auf die richtige Position des Nistkastens ist bei der Aufhängung zu achten. (Foto: Archiv Staatliche Vogelschutzwarte Seebach).

Die richtige Anbringung und Aufhängung der Nisthilfen ist entscheidend dafür, ob eine gute Annahme erfolgt. Als erstes muss ein günstiger »Aufhängeort« gefunden werden. Dabei müssen die Lebensraumansprüche der jeweiligen Art beachtet werden. In einem »aufgeräumten« Garten oder einem monotonen Wirtschaftswald ohne Unterholz kommen weniger Vögel vor. Dagegen haben Gärten mit Hecken und beerentragenden Sträuchern und Bäumen oder ein Mischwald einen größeren Artenreichtum und eine höhere Anzahl von einzelnen Vögeln aufzuweisen. Nisthilfen für Höhlenbrüter wie Meisen, Baumläufer, Kleiber, Gartenrotschwanz, Star, Trauerschnäpper, Grauschnäpper, Waldkauz, Rauhfußkauz, Steinkauz und Hohltaube sollten nicht zu versteckt aufgehängt werden, d.h. nicht zu dunkel, also z.B. nicht in einer dichte Baumkrone. Das Flugloch sollte grundsätzlich der größten Helligkeit entgegengerichtet sein, geeignet sind Osten oder Südosten. Hängen die Nisthilfen zu schattig, werden die Nester feucht. Dies kann man daran feststellen, dass im Nistkasten Nacktschnecken vorzufinden sind. Es kommt oft vor, dass sogar begonnene Gelege deswegen verlassen werden. Dagegen sollte ein Nistkasten auch nicht der vollen Sonneneinstrahlung ausgesetzt sein.

Auch Halbhöhlen für Nischenbrüter wie Hausrotschwanz, Bachstelze und Rotkehlchen, welche wegen der Raubzeugsicherheit nur an Gebäuden aufgehängt werden, sollten möglichst nicht dem schlechten Wetter ausgesetzt sein, aber dennoch einen freien Anflug gewähren. Am besten platziert sind sie unter dem Dachvorsprung. Dies gilt auch für Nistkästen für Mauersegler, Turmfalken und Schleiereulen sowie bei Fledermaushilfen. Mehlschwalbenhilfen werden außen an Gebäuden unter Dachvorsprüngen, aber auch am Giebel der wettergeschützten Seite dicht am Vorsprung versetzt angebracht, Rauchschwalbenhilfen hingegen innen in Vieh- und Pferdeställen ca. 6 cm unter der Decke. Hier muss beachtet werden, dass die Fenster zum Ein- und Ausfliegen immer geöffnet bleiben.

Wasseramselnistkästen werden unter Brücken oder am Ufer getarnt an Pfählen oder Bäumen dicht am Wasser angebracht. Hier muss aber die Mindesthöhe im Hochwasserfall bedacht werden.

Etwa ab der Augenhöhe (ca. 1,70 m) werden Nistkästen an Bäumen angebracht. Hängen sie jedoch z.B. an viel begangenen Waldwegen oder in Parks, so ist eine Höhe ab ca. 3,50 m sicherer. Dann werden Störungen am Nest durch neugierige Waldbesucher von vornherein vermieden. Diese einfache Methode wirkt auch recht zuverlässig gegen Diebstahl und Vandalismus. Nisthilfen für Greifvögel und Eulen sowie für Mauersegler und Mehlschwalben sollten erfahrungsgemäß erst ab 5 m Höhe aufgehängt werden. Fledermaushilfen können je nach Art schon ab Augenhöhe bis ca. 5 bis 6 m hoch hängen. Anzahl und Abstände der Nisthilfen sind abhängig vom artspezifischen Revier, Koloniebrüter wie Schwalben, Stare, Mauersegler und Hohltauben ausgenommen. Auch Fledermäuse sind gesellige Tiere. Es wurde auch schon festgestellt, dass 2 Kohlmeisenpaare am selben Baum nebeneinander brüteten. Selbst bei Nahrungsmangel sucht beispielsweise die stärkste und größte aller Meisen, die Kohlmeise, das Futter für ihre Jungen nicht weiter als 150 m vom Nest entfernt und bewältigt höchstens einen Abstand von etwa 250 m. Bei noch größerer Entfernung ermatten die Altvögel vom Hin- und Herfliegen, wodurch ihre Jungen zu wenig Nahrung erhalten. Die Anzahl der angebrachten Hilfen richtet sich auch nach dem Nahrungsvorkommen. Von Schadinsekten befallene Wälder können reicher bestückt werden, um den Bestand der »Arbeitsvögel« zu steigern. OTTO HENZE erreichte damit die besten

Abb. 73: Gabelstange und Aufhängevorrichtung erleichtern besonders bei Kleinvogelnistkästen die Kontrolle. (Foto: G. FÖHR).

Erfolge und rettete mit Hilfe unserer Vogelwelt einige, vor allem oberschwäbische Waldgebiete, vor dem Kahlfraß. Über diese großen Erfolge berichtete er in seinen Kontrollbüchern sowie mit zahlreichen Berichten in Forst- und Waldzeitschriften, z.B. der Allgemeinen Forstzeitschrift, AFZ.

Ein Meisenpaar macht kurz vor dem Ausfliegen seiner Jungen täglich zum Füttern über 800 Anflüge an den Nistkasten. Die Jungen vertilgen Schädlingsmengen, die ihrem eigenen Gewicht entsprechen. Grundsätzlich gilt, dass eher mehr als weniger Nisthilfen angebracht werden können. Leere Nisthilfen dienen oft auch als Schlafplatz und als Zufluchtstätte vor Feinden.

Die Befestigungsweise ist von Nisthilfe zu Nisthilfe unterschiedlich. Die meisten angebotenen Nisthilfen sind versehen mit einem Drahtbügel (zum Aufhängen über einen Ast) oder mit Aufhängeklötzchen (mittels eines Nagels am Stamm zu befestigen) oder mit einer Aufhängeholzleiste an der Kastenrückseite. Ebenso können auch die selbst gebauten Nisthilfen angebracht werden. Hierzu sollten aber entweder Aluminium- oder Vierkant-Hufnägel verwendet werden, welche nicht in den Baum einwachsen. Alunägel haben auch den Vorteil, dass sie beim Fällen und Zersägen des Baumes das Sägeblatt nicht beschädigen.

Abb. 74: Nistkasten freihängend. Diese Aufhängeart ist sehr raubzeugsicher. Der Nistkasten muss frei schweben, ohne anzuschlagen. Für die meisten kleinen Höhlenbrüter geeignet. (Foto: G. FÖHR).

Steinkauzröhren sollten auf einem waagrechten Ast befestigt werden, damit die Jungen beim Ausfliegen nicht gleich auf den Boden fallen. Spezielle Baumläuferkästen, die keine Rückwand haben, werden mittels Bindedraht an den Stamm gebunden oder an einer Aufhängeleiste befestigt, da Baumläufer schwankende Nisthilfen ebenso wie Fledermäuse meiden.

Größere Nistkästen, beispielsweise für Waldkäuze und Hohltauben, werden ebenfalls mittels stabiler Aufhängeleisten an Bäumen und Gebäudewänden angebracht. Schleiereulenkästen werden entsprechend den örtlichen Gegebenheiten mit Latten an Balken und Sparren im Gebäudeinneren (Dachkonstruktion) verschraubt.

3.5 Betreuung und Pflege

Vögel können altes Nistmaterial nicht entfernen und bauen für jede Brut ein neues Nest. Alte Nester sind oft voll mit Ungeziefer und Parasiten, welche beim Belassen des Nestes in der Nisthilfe eine erhöhte Sterblichkeit unter den Jungen der nächsten Brut bewirken können. Am besten reinigt man den Nistkasten gleich nach dem Ausfliegen der Jungen, denn manche Vogelarten brüten mehrfach in einer Saison. Es reicht völlig aus, wenn man das Nest mit einem Spachtel aus dem Nistkasten entfernt und diesen auskratzt. Ein Auswaschen mit kochendem Wasser ist nicht nötig. Auf gar keinen Fall sollte man den Nistkasten mit chemischen Mitteln wie beispielsweise Insektenspray einsprühen! Gerade Fledermäuse sind sehr geruchsempfindlich und meiden solche Nistkästen. Durch die regelmäßige Reinigung verlängert sich auch die Lebensdauer der Nistkästen, da sich ansonsten Feuchtigkeit ansammeln kann und der Nistkasten

Abb. 75: Nistkästen müssen mindestens 1x jährlich gereinigt werden. (Foto: Archiv Fa. SCHWEGLER).

somit schneller morsch wird oder zerfällt. Nistkästen und Nisthilfen werden nicht nur von Vögeln und Fledermäusen bewohnt, sondern auch von verschiedenen anderen Säugetieren (Mäuse, Bilche, Eichhörnchen, Marder) und Insekten (Hornissen, Hummeln, Wespen, Bienen). Im Falle der Nutzung zur Überwinterung empfiehlt sich eine Frühjahrskontrolle bis spätestens März, um die Nisthilfen danach zu säubern. Wer es genau machen und dokumentieren möchte, nummeriert die Nisthilfen und erstellt ein sog. Ergebnisheft. Damit kann man von Jahr zu Jahr verfolgen, wie der Erfolg der Ansiedlung war.

3.6 Winterfütterung

Bei Kälte und Frost erhöht sich durch den rascheren Stoffwechsel der Energieverbrauch der Vögel und die Auszehrung kann nur durch eine ständige Nahrungsaufnahme verhindert werden.

In früheren Winterszeiten fanden Insekten fressende Kleinvögel noch reichlich Futter in alten, morschen und zerfallenen Baumstämmen im Wald. Aus dem lockeren, trockenen Mull waren die Insekten selbst bei strengster Kälte und nach starken Schneefällen leicht heraus zu picken. Im heutigen Wirtschaftswald stehen meist nur gesunde Bäume und die Insektennahrung ist für die Vögel im Winter sehr knapp. Sperlinge und andere Körnerfresser fanden früher noch reichlich Weizen- und Haferkörner bei den Hühner- und Pferdehaltungen der Landwirte vor. Dieses Bild hat sich gänzlich gewandelt, denn die Freilandhaltung von Haustieren kommt nur noch selten vor.

Die richtige Winterfütterung der Stand- und Strichvögel ist heute oft unerlässlich. Sie fördert auch die Beziehungen der Menschen zur Natur. Vogelbeobachtung erfreut gerade Kinder und Jugendliche. Auch eine beschäftigungstherapeutische Bedeutung für kranke Menschen, z.B. in Sanatorien, ist nachgewiesen.

Vogelfütterung hat eine lange Tradition. Früher wurde der Druschabfall verfüttert, ebenso der ungesalzene Specklappen vom Schweinsnabel als Fettfutter für Meisen. Im Zusammenhang mit den Nistkästen auch Futterhäuschen zu bauen, lag nahe und wurde immer populärer. Wie bei den Nistkästen entstanden auch hier die verschiedensten Modelle. Vor allem wurde versucht, durch Konstruktionen Sperlinge fernzuhalten und den Meisen Vorrang zu gewähren.

Mit der Winterfütterung sollte nicht erst begonnen werden, wenn Schnee und Eis das Land bedecken. Schon ab September kann es regional so kalt werden, dass sich die Insekten verkriechen und für die Vögel unerreichbar werden.

Abb. 76: Antispatz und Futterflasche der ehem. Firma PARUS Vogelschutz, Hamburg-Reinbeck, um 1940, die Sperlinge gemieden haben. (Foto: G. FÖHR).

Abb. 77: Beispiel eines Futterautomaten: Futtersilo aus Holz. (Foto: G. FÖHR).

Abb. 78: An solchen Futterstellen, in denen Vögel auf dem Futter sitzen und es verkoten können, besteht große Salmonellengefahr. (Foto: Abdruck aus Vogelnistkästen in Garten und Wald von HENZE und GEPP).

Die Fütterung kann sich witterungsbedingt und regional bis Mitte April erstrecken. Wichtig ist, dass man sie nicht unterbricht, denn Vögel merken sich die Futterplätze genau. Sie harren im Revier aus und verstreichen nicht. HENZE stellte z.B. nach dem versäumten Nachfüllen einer Futterstelle bei hoher Schneelage und Kälte mehrere tote Meisen und Kleiber fest. Mittels Fütterung können auch diesjährige Jungvögel »sesshaft« gemacht werden. Beobachtungen ergeben, dass neben dem Besuch der Fütterung ständig auch nach Insekten gesucht wird. Der Insektenmangel bleibt aber auch nach der Schneeschmelze weiter bestehen. Erst mit den milder werdenden Frühjahrstemperaturen lässt das Aufsuchen der Futterstelle von selbst nach. Futterautomaten sind als dauerhafte Nahrungsspender besonders geeignet, da solche Geräte einen größeren Futtervorrat bereit halten und das Futter ständig nachrutscht.

Empfehlenswert sind auch eher mehrere kleine Futterstellen, als eine große, da sich sonst die Seuchengefahr vergrößert. Eine solche Gefahr stellen auch Futtergeräte dar, in welchen das Futter auf eine freie Fläche gestreut wird und wo die Vögel auf dem Futter sitzen können. Solche Futterstellen müssen täglich gereinigt werden. Das ausgestreute Futter sollte auch nicht nass werden. Findet man kranke oder tote Vögel, sollte die Fütterung umgehend eingestellt werden! Erkrankte Vögel sitzen meist teilnahmslos und aufgeplustert mit gesträubtem Federkleid in der Nähe des Futterhauses. Ihre Fluchtdistanz ist stark verringert. An zu großen Futterstellen besteht verstärkt die Möglichkeit, dass sie Krankheitserreger auf gesunde, aber in ihrer Kondition geschwächte Vögel übertragen.

Das ideale natürliche Vogelfutter sind die Früchte beerentragende Sträucher wie z.B. Wilder Wein, Schneebeeren, Rosen. Durch ihre Anpflanzung hilft man den Vögeln und spart eine Menge Arbeit. Man kann auch im Spätsommer die Beeren von Eberesche, Holunder, Sanddorn, Weißdorn, Liguster, Mehlbeere und Cotoneaster (Zwergmispel) sammeln, trocknen und entsprechend aufbewahren, damit diese nicht verderben. Als Futter besonders geeignet sind die ölhaltigen Sonnenblumenkerne, Haferflocken sowie ungesalzene Erdnüsse. Fertigmischungen gibt es im Samenhandel.

Man unterscheidet zwischen Körnerfressern und Weichfressern. Für Meisen, Kleiber, Rotkehlchen und Spechte, aber auch für Finkenvögel eignen sich die im Handel erhältlichen Futterknödel, Nuss-Stangen, Futterringe und Futterglocken gut, welche auch leicht selbst wieder nachgefüllt werden können. Auf dem Herd in einem alten Topf bringt man ausgelassenes, ungesalzenes Rinder- oder Schweinefett zum Schmelzen und fügt Haferflocken, Sonnenblumenkerne, Erdnüsse und sonstige Sämereien hinzu. Nun füllt man das Gemisch in die Behältnisse (es können auch Kokosnuss-Schalen, Blechdosen oder Blumentöpfe verwendet werden) und lässt es erstarren. Das Fettgemisch kann man auch gut über die Zweige eines Tannenbaumes gießen. Sogar ausgediente Christbäume eignen sich dazu (Abb. 79).

Frei hängende Futtergeräte platziert man am besten so in Sträuchern und Bäumen, dass sie auch vor Katzen und Sperbern sicher sind. Auch Futterhäuser sollten nicht frei, sondern vor Wind und Wetter geschützt aufgestellt werden. Ebenfalls sollte der Futterplatz so angelegt werden, dass die Vögel keine verkehrsreiche Straße queren müssen.

Zur Fütterung dürfen keine Brot- oder Speisenreste angeboten werden, da sie den Organismus der Vögel zusätzlich belasten, Durst verursachen und leicht säuern. Dagegen bilden in der Mitte aufgeschnittene Äpfel besonders für Amseln und Drosseln ein geeignetes Futter. Ebenso darf man im Winter den Vögel kein erwärmtes Wasser anbieten, weil die Vögel sonst zum Baden verleitet werden und dann mit zusammengefrorenem Gefieder eingehen würden. Im Winter stillen die Vögel ihren Durst ohne Schaden zu nehmen mit Schnee- und Eiskristallen.

Bei hoher Schneelage haben es auch die Tag- und Nachtgreifvögel schwer zu überleben. Dann sollten noch vorhandene Scheunen offen gehalten werden, damit z.B. Eulen ein- und ausfliegen können, um Mäuse zu jagen. Ebenso empfiehlt sich das Anbringen von Sitzkrücken, welche auch im

Freiland den Greifen eine gute Jagdhilfe bieten. Zusätzlich streut man davor etwas Stroh mit Druschabfall. Dies lockt die Mäuse an und deren Rascheln wiederum die Greifvögel. Gut bewährt hat sich auch die sog. »Mäuseburg« (oben offene Kiste 1m x 1m x 1m mit Steinen, Druschabfall und etwas Stroh gefüllt und mit einer Sitzkrücke davor).

Sollten auch die Seen und Weiher zugefroren sein, so leistet man den Wasservögeln gute Dienste, wenn man vorsichtig ein Loch ins Eis schlägt.

Im Sommer können ein aufgestelltes Vogelbad oder eine Vogeltränke (tiefste Stelle nicht mehr als 5 cm) genauso rege von verschiedenen Vogelarten besucht werden, wie bei der Winterfütterung das Futterhaus. In offenen Wassereimern oder -fässern sollte möglichst immer ein größeres Stück Holz schwimmen, auf dem die Vögel stehen und dann trinken können. Das schützt auch unbeholfene Jungvögel vorm Ertrinken.

Wer verletzte oder kranke Vögel findet, sollte sich mit einer Vogelschutzorganisation (Adressen siehe Kapitel 5) oder mit einer örtlichen Natur- und Vogelschutzgruppe in Verbindung setzen. Aber auch Tierheime, welche meist in den Städten zu finden sind, helfen weiter und nehmen diese Findlinge auf. Solche Vögel selbst zu verpflegen, gelingt in den meisten Fällen nicht. Der gleiche Rat gilt auch bei gefundenen Jungvögeln. Doch Vorsicht, denn die wenigsten Jungvögel sind wirklich in Not! Einige Vogelarten verlassen das Nest in einem Entwicklungsstadium, in dem sie noch nicht voll flugfähig sind. Die Brut verteilt sich im ganzen Gelände. Dies geschieht aus einem Instinkt der Sicherung heraus, da so nur einzelne Jungvögel der Gefahr der Entdeckung durch ihre natürlichen Feinde ausgesetzt sind. Alle stehen aber mit ihren Eltern durch Lock- und Bettelrufe ständig in Verbindung und werden weiter gefüttert. »Gefundene« Jungvögel sollten sofort wieder an den Fundort gebracht und dort am besten etwas erhöht auf einen Ast gesetzt werden. Sie werden stets von den Eltern wieder angenommen und versorgt. Vögel orientieren sich optisch und nicht nach dem Geruch, wie die Säugetiere.

Wer einen Ring, beispielsweise an einem toten Vogel findet, sollte diesen an die auf dem Ring befindliche Adresse oder an eine Vogelwarte senden.

(Bauanleitungen für geeignete Futtergeräte findet man ebenfalls im Bauanleitungsheft des Autors. Adresse und Infos siehe unter Kapitel 3.3)

4 Anhang

Vogelschutzgesetz vom 30. Mai 1908.

§ 1.

Das Zerstören und das Ausheben von Nestern oder Brutstätten der Vögel, das Zerstören und Ausnehmen von Eiern, das Ausnehmen und Töten von Jungen ist verboten.

Desgleichen ist der Ankauf, der Verkauf, die An- und Verkaufsvermittlung, das Feilbieten, die Ein-, Aus- und Durchfuhr und der Transport der Nester, Eier und Brut der in Europa einheimischen Vogelarten untersagt. Dem Eigentümer und dem Nutzungsberechtigten und deren Beauftragten steht jedoch frei, Nester, welche Vögel in oder an Wohnhäusern oder andern Gebäuden und im Innern von Hofräumen gebaut haben, zu zerstören. Auch findet das Verbot keine Anwendung auf das Einsammeln, den Ankauf, Verkauf, die An- und Verkaufsvermittelung, das Feilbieten, die Ein-, Aus- und Durchfuhr und den Transport der Eier von Möwen und Kiebitzen, soweit es nicht durch Landesgesetz oder durch landespolizeiliche Anordnung auf die Eier dieser Vögel für bestimmte Orte oder für bestimmte Zeiten ausgedehnt wird.

§ 2.

Verboten ist ferner:

a) jede Art des Fangens von Vögeln, solange der Boden mit Schnee bedeckt ist;

b) das Fangen von Vögeln mittels Leimes und Schlingen;

c) das Fangen und die Erlegung von Vögeln zur Nachtzeit mit Netzen oder Waffen; als Nachtzeit gilt der Zeitraum, welcher eine Stunde nach Sonnenuntergang beginnt und eine Stunde vor Sonnenaufgang endet;

d) das Fangen von Vögeln mit Anwendung von Körnern oder anderen Futterstoffen, denen betäubende oder giftige Bestandteile beigemischt sind, oder unter Anwendung geblendeter Lockvögel;

e) das Fangen von Vögeln mittels Fallkäfigen und Fallkästen, Reusen, großer Schlag- und Zugnetze, sowie mittels beweglicher und tragbarer, auf dem Boden oder quer über das Feld, das Niederholz, das Rohr oder den Weg gespannter Netze.

Der Bundesrat ist ermächtigt, auch bestimmte andere Arten des Fangens sowie das Fangen mit Vorkehrungen, welche eine Massenvertilgung von Vögeln ermöglichen, zu verbieten.

§ 3.

In der Zeit vom 1. März bis zum 1. Oktober ist das Fangen und die Erlegung von Vögeln sowie der Ankauf, der Verkauf und das Feilbieten, die Vermittelung eines hiernach verbotenen An- und Verkaufs, die Ein-, Aus- und Durchfuhr von lebenden sowie toten Vögeln der in Europa einheimischen Arten überhaupt, ebenso der Transport solcher Vögel zu Handelszwecken untersagt.

Dieses Verbot erstreckt sich für Meisen, Kleiber und Baumläufer auf das ganze Jahr. Der Bundesrat ist ermächtigt, das Fangen und die Erlegung bestimmter Vogelarten sowie das Feilbieten und den Verkauf derselben auch außerhalb des im Abs. 1 bestimmten Zeitraums allgemein oder für gewisse Zeiten oder Bezirke zu untersagen.

§ 4.

Dem Fangen im Sinne dieses Gesetzes wird jedes Nachstellen zum Zwecke des Fangens oder Tötens von Vögeln, insbesondere das Aufstellen von Netzen, Schlingen, Leimruten oder anderen Fangvorrichtungen gleichgeachtet.

§ 5.

Vögel, welche dem jagdbaren Feder- und Haarwild und dessen Brut und Jungen sowie Fischen und deren Brut nachstellen, dürfen nach Maßgabe der landesgesetzlichen Bestimmungen über Jagd und Fischerei von den Jagd- oder Fischereiberechtigten und deren Beauftragten getötet werden. Wenn Vögel in Weinbergen, Gärten, bestellten Feldern, Baumpflanzungen, Saatkämpen und Schonungen Schaden anrichten, können die von den Landesregierungen bezeichneten Behörden den Eigentümern und Nutzungsberechtigten der Grundstücke und deren Beauftragten oder öffentlichen Schutzbeamten (Forst- und Feldhütern, Flurschützen usw.), soweit dies zur Abwendung dieses Schadens notwendig ist, das Töten solcher Vögel mit Feuerwaffen innerhalb der betroffenen Örtlichkeiten auch während der im § 3 Abs. 1 bezeichneten Frist gestatten. Das Feilbieten und der Verkauf der auf Grund solcher Erlaubnis erlegten Vögel sind unzulässig. Ebenso können die im Abs. 2 bezeichneten Behörden einzelne Ausnahmen von den Bestimmungen in §§ 1 bis 3 dieses Gesetzes zu wissenschaftlichen oder Lehrzwecken, zur Wiederbevölkerung mit einzelnen Vogelarten, sowie für Stubenvögel für eine bestimmte Zeit und für bestimmte Örtlichkeiten bewilligen.

Der Bundesrat bestimmt die nähern Voraussetzungen, unter welchen die im Abs. 2 und 3 bezeichneten Ausnahmen statthaft sein sollen. Von der Vorschrift unter § 2 a kann der Bundesrat für bestimmte Bezirke eine allgemeine Ausnahme gestatten.

§ 6.

Zuwiderhandlungen gegen die Bestimmungen dieses Gesetzes oder gegen die von dem Bundesrat auf Grund derselben erlassenen Anordnungen werden mit Geldstrafe bis zu einhundertundfünfzig Mark oder mit Haft bestraft. Der gleichen Strafe unterliegt, wer es unterläßt, Kinder oder andere unter seiner Gewalt stehende Personen, welche seiner Aufsicht untergeben sind und zu seiner Hausgenossenschaft gehören, von der Übertretung dieser Vorschriften abzuhalten.

§ 7.

Neben der Geldstrafe oder der Haft kann auf die Beziehung der verbotswidrig in Besitz genommenen, feilgebotenen oder verkauften Vögel, Nester, Eier, sowie auf Einziehung der Werkzeuge erkannt werden, welche zum Fangen oder Töten der Vögel, zum Zerstören oder Ausheben der Nester, Brutstätten oder Eier gebraucht oder bestimmt waren, ohne Unterschied, ob die einzuziehenden Gegenstände dem Verurteilten gehören oder nicht. Ist die Verfolgung oder Verurteilung einer bestimmten Person nicht ausführbar, so können die im vorstehenden Absatze bezeichneten Maßnahmen selbstständig erkannt werden.

§ 8.

Die Bestimmungen dieses Gesetzes finden keine Anwendung

a) auf das im Privateigentum befindliche Federvieh;

b) auf die nach Maßgabe der Landesgesetze jagdbaren Vögel;

c) auf die in nachstehendem Verzeichnis aufgeführten Vogelarten:

Tagraubvögel mit Ausnahme der Turmfalken, Schreiadler, Seeadler, Bussarde und Gabelweihen (rote Milane),

Uhus,

Würger (Neuntöter),

Sperlinge (Haus- und Feldsperlinge),

rabenartige Vögel (Rabenkrähen, Nebelkrähen, Saatkrähen, Elstern, Eichelhäher),

Wildtauben (Ringeltauben, Hohltauben, Turteltauben),

Wasserhühner (Rohr- und Bleßhühner),

Reiher (eigentliche Reiher, Nachtreiher oder Rohrdommeln),

Säger (Sägetaucher, Tauchergänse),

alle nicht im Binnenlande brütenden Möwen,

Kormorane,

Taucher (Eistaucher und Haubentaucher),

jedoch gilt auch für die vorstehend unter a, b, c bezeichneten Vögel das Verbot des Fangens mittels Schlingen.

§ 9.

Die landesrechtlichen Bestimmungen, welche zum Schutze der Vögel weitergehende Verbote enthalten, bleiben unberührt. Die auf Grund derselben zu erkennenden Strafen dürfen jedoch den Höchstbetrag der in diesem Gesetz angedrohten Strafen nicht übersteigen.

Merkblatt über die freiwillige Prüfung von Vogelnistgeräten

Die amtliche Prüfung der Vogelnistgeräte beruht auf freiwilliger Basis. Sie soll durch die Vergabe des **Prüfzeichens** dem Käufer die Sicherheit geben, daß das erworbene Nistgerät für die Vogelbrut geeignet ist. Unbrauchbare Nistgeräte sollen hierdurch vom Markt weitgehend ferngehalten werden. Weiterhin kann die amtliche Bestätigung, daß das Nistgerät den Anforderungen entspricht, und die Vergabe des Prüfzeichens für die Hersteller einen Anreiz zu weiterer Verbesserung der angebotenen Geräte bieten.

Inhaltsübersicht:

Prüfungsordnung

§ 1

1. Die amtliche Prüfung von Vogelnistgeräten erfolgt durch die Biologische Bundesanstalt für Land- und Forstwirtschaft (BBA) in Zusammenarbeit mit den Staatlichen Vogelschutzwarten bzw. zuständigen Landesanstalten in der Bundesrepublik Deutschland.

2. Zur Mitwirkung bei den Prüfungsaufgaben können weitere Institutionen herangezogen werden.

§ 2

1. Jeder Hersteller, Vertriebsunternehmer oder Eigentümer kann unter Beachtung der Richtlinien für den Bau von Vogelnistgeräten die Prüfung beantragen.

2. Wer in einem Mitgliedsstaat der Europäischen Gemeinschaft weder Wohnsitz noch Niederlassung hat, kann die Prüfung nur beantragen, wenn er einen dort ansässigen Vertreter bestellt.

§ 3

1. Die Prüfung gliedert sich in eine technische Vorprüfung (§ 5) und eine praktische Hauptprüfung (§ 6).

2. Der Antrag zur Prüfung ist auf einem von der BBA herausgegebenen Formblatt (s. beiliegendes Muster) zu stellen. Die Anlage guter Fotos, die die Konstruktion des Nistgerätes leicht erkennen lassen, und/oder Konstruktionszeichnungen ist erforderlich.

3. Der Prüfantrag ist zu richten an die

   Biologische Bundesanstalt für Land- und Forstwirtschaft
   Institut für biologische Schädlingsbekämpfung
   Heinrichstraße 243
   D-6100 Darmstadt

§ 4

1. Das Prüfjahr läuft vom 1. November bis zum 31. Oktober.

2. Die Anträge zur Prüfung sind bis zum 31. Oktober für das folgende Prüfungsjahr zu stellen.

§ 5

1. Die Vorprüfung stellt eine kurzfristig durchführbare, rein technische Prüfung von neu konstruierten und noch in Entwicklung befindlichen Vogelnistgeräten dar. Sie soll den Herstellern Mängel aufzeigen die zu beheben sind und gleichzeitig die Hauptprüfung entlasten.

2. Zur Vorprüfung ist kostenlos ein Probe-Nistgerät zur Verfügung zu stellen.

§ 6

1. Die Hauptprüfung stellt durch abschließende technische Prüfung und Einsatz im Freiland die Brauchbarkeit eines Vogelnistgerätes fest. Dieses muß den Richtlinien grundsätzlich entsprechen und brütenden Vögeln eine gesunde Aufzucht der Brut ermöglichen.

2. Der mit der Prüfung beauftragten Stelle sind 3 Nistgeräte unentgeltlich zur Prüfung zur Verfügung zu stellen. Diese Geräte werden nach Abschluß der Prüfung in die Nistgeräte--Vergleichssammlung der prüfenden Stellen übernommen.

3. Die Hauptprüfung erstreckt sich über mindestens 1 Jahr, falls erforderlich über 2 oder mehr Jahre.

§ 7

1. Die Beurteilung des Nistgerätes erfolgt gemeinsam mit den prüfenden Vogelschutzwarten bzw. zuständigen Landesanstalten und ggf. weiteren hinzugezogenen Institutionen.

2. Wenn die Prüfung ergeben hat, daß das Nistgerät nach dem gegenwärtigen Stand der Kenntnis und Erfahrung für den vorgesehenen Zweck geeignet ist, wird von der BBA ein Prüfzeichen vergeben.

§ 8

1. Der Antragsteller kann das von der BBA vergebene Prüfzeichen an den entsprechenden Nistgeräten anbringen. Das Prüfzeichen trägt in einem dreieckigen Umfeld das Symbol der Ährenschlange sowie die Aufschrift "Amtlich geprüft, Biologische Bundesanstalt für Land- und Forstwirtschaft" neben der Prüfungsnummer: N ... (s. Muster).

2. Der Antragsteller ist berechtigt, mit dem Prüfzeichen Werbung zu treiben.

3. Muster des Prüfzeichens

Nr.: N ......

§ 9

1. Die Vergabe des Prüfzeichens erfolgt für zehn Jahre. Sie kann erneuert werden, wenn das Nistgerät weiterhin den inzwischen fortgeschrittenen Erkenntnissen und Erfahrungen entspricht.

2. Die Vergabe des Prüfzeichens ist zu widerrufen, wenn Beanstandungen aus der Praxis oder Nachuntersuchungen durch die prüfenden Stellen zeigen, daß die in den Handel gebrachten Vogelnistgeräte nicht von der gleichen Qualität sind wie die ursprünglichen Prüfstücke. Hierzu können die prüfenden Stellen Einzelstücke aus der laufenden Produktion entnehmen.

§ 10

1. Aufgrund der Entgeltordnung zur Erhebung von Entgelten für nicht hoheitliche Leistungen der Biologischen Bundesanstalt für Land- und Forstwirtschaft betragen die Prüfgebühren 230,-- DM.

§ 11

Die Prüfungsordnung tritt am 1. März 1989 in Kraft.

5 Literaturverzeichnis

Ankenbrand, L. (1921): Vogelschutz in Winter und Sommer.-Tierschutzverein, Berlin, 112 S.

Ant, H. (1972): Daten zur Geschichte des Naturschutzes. – Jahrbuch für Naturschutz und Landschaftspflege: 124-135.

Baldamus, E. (1868): Schützet die Vögel. – Velhagen & Klasing, Bielefeld, 104 S.

Bastian, H. W. (2000): Vogelgerechte Nistkästen selbst gebaut. – Kosmos, Stuttgart, 91 S.

Berg, A. B., T. Havel & G. Keijl (1997): Unsere Vögel. – Mosaik, München, 288 S.

Bergenholz, P. (1999): Futterhäuser und Nistkästen. – Bechtermünz, Augsburg, 48 S.

Berlepsch, Freiherr H. v. (1899): Der gesamte Vogelschutz. – Neumann, Neudamm, 89 S.

dgl. (2/3.Aufl.1899): Der gesamte Vogelschutz. – E. Köhler, Gera, 89 S.

dgl. (4/5.Aufl.1900): Der gesamte Vogelschutz. – E. Köhler, Gera, 94 S.

dgl. (1903): Der gesamte Vogelschutz. – Verlag E. Köhler, Gera, 110 S.

dgl. (7/8.Aufl.1903): Der gesamte Vogelschutz. – Neumann, Neudamm, 100 S.

dgl. (1904): Der gesamte Vogelschutz. – H. Gesenius, Halle, 139 S.

dgl. (1923): Der gesamte Vogelschutz. – Neumann, Neudamm, 301 S.

dgl. (1926): Der gesamte Vogelschutz. – Neumann, Neudamm, 306 S.

dgl. (1929): Der gesamte Vogelschutz. – Neumann, Neudamm, 342 S.

dgl. (1922): Mein ornithologischer Lebenslauf. – Sonderdruck aus Journal für Ornithologie: 324-361.

Bezzel, E. (1973): Verstummen die Vögel? – Ehrenwirth, München, 197 S.

dgl. (1973): Belauschte Vogelwelt. – Verlagshaus A. Förg, Rosenheim, 87 S.

dgl. (1975): Hilfe für Wasservögel. – Kilda, Greven, 68 S.

dgl. (1986): Wir tun was für unsere Greifvögel und Eulen. – Schneider, München, 59 S.

dgl. (1986): Wir tun was für unsere Singvögel. – Schneider, München, 59 S.

dgl. (1988): Vögel ums Haus. – Stöppel, Weilheim, 95 S.

dgl. (1982, 1989, 1991): Vögel beobachten. – BLV, München, 190 S.

dgl. (1996): Vögel beobachten. – BLV, München, 159 S.

dgl. (2002): Vögel beobachten. – BLV, München, 127 S.

Bierden, v. H. (1967): Unsere Vögel im Winter. – Hanseatic, Bremen, 32 S.

Bläute, M. & F.-K. Schembecker (1994): Naturschutz im Garten. – Neumann, Radebeul, 159 S.

Boswell, T. (1994): Schöner Nisten. – Mosaik, München, 144 S.

Böker, N. (1985): Vogelschutz in unseren Gärten. – Hiller, Minden, 79 S.

Bösenberg, L. (1973): Vögel im Garten. – Deutscher Landwirtschaftsverlag, Berlin, 80 S.

dgl. (1980, 1982, 1984): Vögel im Garten. – Deutscher Landwirtschaftsverlag, Berlin, 96 S.

Brandt, H. (1962): Vogelschutz in Haus, Hof und Garten. – Obst- u. Gartenbauverlag, München, 136 S.

Brückner, P. & R. Mosel (1983): Nistkästen und Futterhäuschen. – Mach`s nach: 125-144.

Burton, R. (1990): Unsere gefiederten Nachbarn. – SDK , Stuttgart, 192 S.

Chinery, M. (1986, 1989, 1991): Naturschutz beginnt im Garten. – Otto Maier, Ravensburg, 191 S.

Conrad, B. & W. Poltz (1976): Vogelschutz in Europa. – Kilda, Greven, 92 S.

Demharter, H. (2000): Vogelhäuser. – Augustus, München, 64 S.

Dorst, J. (1972): Das Leben der Vögel II. – Editions rencontre, Lausanne.

Droste, Baron F. v. (1872): Die Vogelschutzfrage. – Münster, Brunn, 46 S.

Eckardt, W. R. (1910): Vogelzug und Vogelschutz. – Verlag B. G. Teubner, Leipzig, 116 S.

Eckardt, W. (1914): Praktischer Vogelschutz. – Thomas, Leipzig, 94 S.

Egidius, H. (2004): Vögel im Garten. – E. Ulmer, Stuttgart, 96 S.

Engelhardt, I. (1965): Heimische Vögel und ihr Schutz. – Pinguin, Innsbruck, 144 S.

Föhr, G. u. B. & A. Hinkel (2002): Zur Geschichte künstlicher Bruthöhlen und zur Ausstellung von Fledermaus-Ansiedlungshilfen im ersten Nistkasten- u. Vogelschutzmuseum in Biberach-Ringschnait. – Nyctalus: Heft 3, 223- 230.

Fortmann, M. (1993, 2000): Das große Kosmosbuch der Nützlinge. – Kosmos, Stuttgart, 320 S.

Fortunatus (1965, 1966, 1969, 1976): Vögel am Fenster. – Landbuch, Hannover, 162 S.

Frickinger, W. H. (1942): Praktischer Vogelschutz. – Wilhelm Frick Verlag, Wien, 40 S.

dgl. (2/3.Aufl. 1949): Praktischer Vogelschutz. – Naturkundl. Korrespondenz, Berlin, 48 S.

Frisch, O. v. (1984): Vögel als Wintergäste. – Gräfe u. Unzer, München, 72 S.

dgl. (1992): Gartenvögel. – Gräfe u. Unzer, München, 65 S.

Fritzsche, H. (1983): Tiere im Garten, Anlocken-Ansiedeln-Halten. – Kosmos, Stuttgart, 126 S.

Gabler, E. (2003): Nistkästen und Futterhäuschen. – BLV, München, 79 S.

Gasow, H. (1936): Vogelschutz als Tierschutz, Naturschutz und Schädlingsbekämpfung. – E. Ulmer, Stuttgart, 75 S.

dgl. (1944): Vogelschutz als Tierschutz, Naturschutz und Schädlingsbekämpfung. – E. Ulmer, Stuttgart, 119 S.

Giebel, C. G. (1/2. Aufl. 1868, 1872): Vogelschutzbuch. – Hempel & Parey, Berlin, 162 S.

dgl. (1877): Vogelschutzbuch. – Hempel & Parey, Berlin, 139 S.

Glasewald, K. (1937): Vogelschutz und Vogelhege. – Neumann, Neudamm, 296 S.

dgl. (1928): Zur Geschichte der hölzernen Nistkästen. – Jahrbuch für Naturschutz: 168-177.

Gloger, C.W.L. (1865): Hegung der Höhlenbrüter. – Allg. Deutsche Verlagsanstalt, Berlin: 1-35.

Guenther, K. (1/2. Aufl. 1910): Der Naturschutz. – Strecker u. Schröder, Stuttgart, 287 S.

Haenel, K. (1911): Der Vogelschutz.- Gerber, München, 70 S.

dgl. (1/2. Aufl. 1913, 1914): Unsere heimischen Vögel und ihr Schutz. – Stürtz, Würzburg, 240 S.

dgl. (1931): Unsere heimischen Vögel und ihr Schutz. – Stürtz, Würzburg, 268 S.

dgl. (1940): Unsere heimischen Vögel und ihr Schutz. – Stürtz, Würzburg, 222 S.

Hanemann, H. & J. M. Simon (1987): DBV Chronik von 1899-1984. – Wirtschaftsverlag, Wiesbaden, 211 S.

dgl. (1989): Es begann mit einer Insel. – Wirtschaftsverlag, Wiesbaden, 427 S.

Heinroth, O. & R. Wegner (1930): Die Vogelschutzwarte. – Bermühler, Berlin, 148 S.

Henze, O. (1936): Kontrollbuch für Vogelnistkästen. – Reichsnährstandverlag, Berlin, 57 S.

dgl. (1949): Kontrollbuch für Vogelnistkästen in der Forstwirtschaft. – Selbstverlag, Garmisch Partenkirchen, 123 S.

dgl. (1958): Kontrollbuch für Vogelnistkästen in der Forstwirtschaft. – Selbstverlag, Garmisch Partenkirchen, 157 S.

dgl. (1943): Vogelschutz gegen Insektenschaden in der Forstwirtschaft. – Bruckmann, München, 293 S.

dgl. (1983): Kontrollbuch für Vogelnistkästen in Wald und Garten. – Selbstverlag, Überlingen, 361 S.

dgl. (1991): Die richtigen Vogelnistkästen in Wald und Garten. – Südkurier, Konstanz, 392 S.

dgl. & J. Gepp (2004): Vogelnistkästen in Garten und Wald. – Leopold Stocker, Stuttgart, 243 S.

dgl. & G. Zimmermann (1964, 1966, 1973, 1975): Gefiederte Freunde in Garten und Wald. – BLV, München, 192 S.

Hennicke, K. (1/2/3. Aufl. 1911): Vogelschutzbuch. – Strecker & Schröder, Stuttgart, 133 S.

dgl. (1912): Handbuch des Vogelschutzes. – Creutz`sche Verlagshandlung, Magdeburg, 468 S.

Hiesemann, M. (1/2. Aufl. 1907): Lösung der Vogelschutzfrage. – F. Wagner, Leipzig, 110 S.

dgl. (1909): Lösung der Vogelschutzfrage. – F. Wagner, Leipzig, 151 S.

dgl. (1911): Lösung der Vogelschutzfrage. – F. Wagner, Leipzig, 152 S.

dgl. (1911): Lösung der Vogelschutzfrage. – F. Wagner, Leipzig, 163 S.

dgl. (1915): Lösung der Vogelschutzfrage. – F. Wagner, Leipzig, 170 S.

Himmelhuber, P. (1997): Nisthilfen für Tiere im Garten. – Callwey, München, 127 S.

Hölzinger, J. (1991): Die Vögel Baden-Württembergs - Gefährdung und Schutz. – E. Ulmer, Stuttgart - 3 Teile, 1796 S.

dgl. (1991): Bibliographie der deutschsprachigen ornithologischen Periodika in Mitteleuropa. – E. Ulmer, Stuttgart, 386 S.

Hofinger, J. B. (1824): Die Vögel als die besten Raupen- und Insektenvertilger in unseren Obstgärten. – Allg. dtsch. Garten-Ztg.: 2 (Nr.12) 91- 96, (Nr. 13) 100-104.

dgl. (1828): Die Vögel als die besten Raupen- und Insektenvertilger in unseren Obstgärten. – Allg. dtsch. Garten-Ztg.: 6 (Nr. 13) 97-103.

Hunziker, J. (1929, 1931): Vom Vogelschutz und seinen Erfolgen. – Aarau, 31 S.

Januschkowetz, H. (1997): Nistkästen für heimische Vögel. – Englisch, Wiesbaden, 31 S.

dgl. (1997): Vogelhäuschen. – Englisch, Wiesbaden, 31 S.

Jorek, N. (1980): Vogelschutzpraxis. – Herbig, München, 167 S.

dgl. (1982): Leben im Naturgarten. – Falken, Niedernhausen/Ts., 128 S.

Keil, W. (1989): Artgerechte Vogelfütterung im Winter. – Falken, Niedernhausen/ Ts., 64 S.

dgl. (1991): Artgerechte Niststätten für heimische Vögel. – Falken, Niedernhausen/ Ts., 94 S.

Klump, H. (1981, 1982): Mehr Natur in Dorf und Stadt. – Günter Hartmann, Kronshagen, 140 S.

Krenz, K. (1938): Vogelschutz für Jedermann. – Gartenbauverlag Trowitzsch & Sohn, Frankfurt/Oder, 40 S.

Kubisch, E. (1934): Nistkästen und Futterhäuschen. – Otto Maier, Ravensburg, 24 S.

Liebe, K. (1888): Aufhängen der Nistkästen für Vögel. – T. Hofmann, Gera: 1-15.

dgl. (1891): Futterplätze für Vögel im Winter. – T. Hofmann, Gera: 1-15.

Lippert, A. (2000): Der Naturschutzhelfer. – Deutscher Naturschutzring, Bonn, 320 S.

Löhrl, H. (1969): So hilft man den Vögeln. – Kosmos, Stuttgart, 62 S.

dgl. (1967): Die Kleiber Europas. – Die Neue Brehm-Bücherei, Ziemsen, Wittenberg-Lutherstadt, Band 196, 120 S.

dgl. (1973): Nisthöhlen, Kunstnester und ihre Bewohner. – DBV, Stuttgart, 134 S.

dgl. (1974): Die Tannenmeise. – Die Neue Brehm-Bücherei, Ziemsen, Wittenberg-Lutherstadt, Band 472, 110 S.

dgl. (1979): Die Rauchschwalbe. – DBV, Melsungen, 40 S.

dgl. (1984): Vögel in ihrer Welt. – Kosmos, Stuttgart, 168 S.

dgl. (1/2. Aufl. 1982): Vögel am Futterplatz. – Kosmos, Stuttgart, 79 S.

dgl. (1988): Vögel am Futterplatz. – Kosmos, Stuttgart, 68 S.

dgl. (1991): Die Haubenmeise. – Die Neue Brehm-Bücherei, Ziemsen, Wittenberg-Lutherstadt, Band 609, 120 S.

Lohmann, M. (1999, 2000, 2002): Vogelparadies Garten. – BLV, München, 127 S.

dgl. (1999, 2001): Vögel am Futterhaus. – BLV, München, 95 S.

dgl. (2004): Tierparadies Garten. – BLV, München, 127 S.

Lüders, L. & H. Mollenhauer (1954): Starenflaschen und Storchnestunterlagen. – Natur und Landschaft: 131-133.

Maguire, M. (2000): Nistkästen und Futterhäuser. – Weltbild, Augsburg, 96 S.

Mansfeld, K. (1934, 1935): Vogelschutz in Wald, Feld und Garten. – Selbstverlag Vogelschutzwarte, Seebach, 42 S.

dgl. (1936, 1937, 1942): Vogelschutz in Wald, Feld und Garten. – Selbstverlag Vogelschutzwarte, Seebach, 48 S.

dgl. (1944): Vogelschutz in Wald, Feld und Garten. – Selbstverlag Vogelschutzwarte, Seebach, 44 S.

dgl. (1950): Vogelschutz in Wald, Feld und Garten. – Selbstverlag Vogelschutzwarte, Seebach, 48 S.

dgl. (1954): Vogelschutz in Wald, Feld und Garten. – Deutscher Bauernverlag, Berlin, 60 S.

dgl. (1960, 1964): Vogelschutz in Wald, Feld und Garten. – Deutscher Landwirtschaftsverlag, Berlin, 72 S.

MARTINY, A. (1995): Natur erforschen und schützen. – Tessloff, Nürnberg, 48 S.

MAKOWSKI, H. (1/2. Aufl. 1961, 1962, 1965): Amsel, Drossel, Fink und Star. – Kosmos, Stuttgart, 170 S.

MEHL, J. (2001): Carl Wenglein, der Weltbund und Schwabach als Zentrum des Naturschutzes. – Eigenverlag Bund Naturschutz, Schwabach, 136 S.

MEYER, H. (2002): Vogelhäuschen. – Englisch, Wiesbaden, 31 S.

MOSS, S. (2003): Handbuch der Gartenvögel. – Weltbild, Augsburg, 160 S.

MÖNIG, F. (1952, 1970): Vogelschutz und -hege. – A. Philler, Minden, 64 S.

NEWTON-COX, A. & D. BEVERLEY (1997): Schöne Vogelhäuser selber bauen. – Bechtermünz, Augsburg, 64 S.

OERTNER, J. & G. FRÖHLICH (1990): Naturschutzarbeiten in Feld und Flur. – Neumann, Radebeul, 153 S.

PERKINS, J. (1997): Vogelhäuschen selbst gebaut. – Bechtermünz, Augsburg, 144 S.

PFEIFER, S. (1957): Taschenbuch für Vogelschutz. – W. Limpert, Frankfurt, 196 S.

dgl. (1957): Taschenbuch für Vogelschutz. – W. Limpert, Frankfurt, 192 S.

dgl. (1962): Taschenbuch für Vogelschutz. – W. Limpert, Frankfurt, 207 S.

dgl. (1973): Taschenbuch für Vogelschutz. – DBV, Stuttgart, 326 S.

dgl. (1980): Taschenbuch für Vogelschutz. – Verlag Strobach, Frankfurt, 343 S.

POTT, E. (1989): Vögel in Wald, Park und Garten mit Aktivteil Vogelschutz. – Kosmos, Stuttgart, 129 S.

RAMUZ, M. & F. DELICATA (1999): Vogelhäuser. – K. Müller, Erlangen, 128 S.

dgl. (2001): Vogelhäuser. – Gondrom, Bindlach, 128 S.

RICHARZ, K. (1986): Wir tun was für unsere Fledermäuse. – Schneider, München, 59 S.

dgl. (2002): Natur rund ums Haus. – Kosmos, Stuttgart, 157 S.

dgl., E. BEZZEL & M. HORMANN (2001): Taschenbuch für Vogelschutz. – Aula, Wiesbaden, 560 S.

RIESENTHAL, O. v. (1923): Vogelleben und Vogelschutz. – Neumann, Neudamm, 141 S.

RÖRIG, G. (1910): Vogelschutz. – Deutsche Landwirtschaftsgesellschaft, Berlin, 46 S.

ROGNER, H. & M. (1989): Mehr Tiere im Garten. – Kosmos, Stuttgart, 72 S.

ROHRBACH, C. (1989, 1992): Unser Vogelhäuschen. – Kosmos, Stuttgart, 72 S.

RUGE, K. (1982): Helft den bedrohten Vögeln. – Otto Maier, Ravensburg, 160 S.

dgl. (1989): Vogelschutz - Ein praktisches Handbuch. – Otto Maier, Ravensburg, 127 S.

RUSS, K. (1881): Vogelschutzbuch. – Voigt, Berlin, 414 S.

RUPPERTSHOFEN, H. (1/2. Aufl. 1968): Der summende Wald. – Ehrenwirth, München, 152 S.

dgl. (1972): Der summende Wald. – Ehrenwirth, München, 179 S.

dgl. (1980, 1982): Der summende Wald. – Ehrenwirth, München, 189 S.

dgl. (1984): Der summende Wald. – Ehrenwirth, München, 200 S.

dgl. (1988): Der summende Wald. – Ehrenwirth, München, 225 S.

dgl. (1995): Der summende Wald. – Ehrenwirth, München, 271 S.

SCHREIBER, R. (1993): Tiere auf Wohnungssuche. – Deutscher Landwirtschaftsverlag, Berlin, 352 S.

dgl., A. DIAMOND, L. ROBERT & C. IMBODEN (1987): Rettet die Vogelwelt. – Sauerländer, Aarau, 384 S.

SCHULZE, A. (1986, 1987): Vogeltips für Jedermann. – Ehrenwirth, München, 124 S.

SCHWARZENBERG, L. (1997): Vom Steinkauz zum Hauskauz. – Selbstverlag, St. Ingbert, 91 S.

SINGER, D. (1987, 1989, 1998): Vögel rund ums Futterhaus. – Kosmos, Stuttgart, 126 S.

SPECHT, R. (1995): Vögel rund ums Haus. – Kosmos, Stuttgart, 64 S.

Staatl. Vogelschutzwarte Baden-Württemberg (Hg., 1991): Nistkasten – ein Lebensraum und seine Pflege. – Karlsruhe, 44.

STEINBACH, G. (1988): Werkbuch Naturschutz. – Kosmos, Stuttgart, 127 S.

dgl., E. BEZZEL & J. C. ROCHE (2001): Greifvögel und Eulen beobachten und schützen. – Kosmos, Stuttgart, 38 S.

Stern, H., G. Thielcke, F. Vester, R. Schreiber & B. Faust (1978): Rettet die Vögel. – Herbig, München, 240 S.

dgl. (1980): Rettet die Vögel. – Heyne, München, 379 S.

Stirnemann, F. (1957): Vögel der Heimat die besonderen Schutz verdienen. – Rengger, Aarau, 272 S.

Stresemann, E. (1948): Geschichte des Starenkastens. – Ornith. Beobachter: 169-179.

Traulsen, A. (1900): Praktischer Vogelschutz. – Bechtold & Comp, Wiesbaden, 63 S.

Treuenfels, C.-A. (1986): Für unsere Natur. – Rasch u. Röhrig, Hamburg, 224 S.

Ulmer, G. (1984): Wirksamer Vogelschutz im Garten und ums Haus. – Selbstverlag, Tuningen, 63 S.

Wagner, C. (1989): Tierleben in unseren Gärten. – BLV, München, 127 S.

Wemer, P. (1907): Schützet die Vogelwelt. – Missionsverlag, Kaldenkirchen, 64 S.

Witt, R. (1993): Vogelbeobachtung durch das Jahr. – Mosaik, München, 128 S.

dgl. (1999): Gärten für Vögel. – Kosmos, Stuttgart, 62 S.

Würmli, M. (1985): Hilf der Natur. – Naturalis, München, 159 S.

Wyler, W. (1930): Vogelschutz und -hege. – Hachmeister & Thal, Leipzig, 48 S.

Zech, J. (1984): Vogelhäuschen, Nistkästen, Vogeltränken. – Falken, Niedernhausen/ Ts., 32 S.

Zimmerli, E. (1967, 1970): Wohnungsnot auch bei Gefiederten. – Schweizer Vogelschutz (SVS), Zürich, 24 S.

dgl. (1975): Wohnungsnot auch bei Gefiederten. – Schweizer Vogelschutz (SVS), Zürich, 32 S.

dgl. (1979, 1982, 1988, 1994): Wohnungsnot auch bei Gefiederten. – Schweizer Vogelschutz (SVS), Zürich, 36 S.

dgl. (1970): Tragt Sorge zur Natur. – Sauerländer, Aarau, 192 S.

Abb. 79: Der Berlepsche Futterbaum. Aufgießen des Futterstoffes auf die Zweige. Alljährlich zwischen Weihnachten und Neujahr wurde nach 1900 in den Tageszeitungen aufgerufen, ausgediente Christbäume nicht gleich zu verbrennen, sondern sie, wenn sie den Menschen gegenüber ihre Schuldigkeit getan hatten, noch den lieben Vögelein zum Futterbaum herzurichten. (Abdruck aus: Unsere heimischen Vögel und ihr Schutz, 1913 von K. Haenel)

6 Bezugs- und Kontaktadressen

Vogelschutzorganisationen:

NABU-Bundesgeschäftsstelle
Herbert-Rabius-Str. 26
53225 Bonn
Hier sind alle Landesverbands-und Ortsgruppenadressen zu erfahren.

LBV in Bayern e.V.
Eisvogelweg 1
91161 Hilpoltstein

Staatliche Vogelschutzwarten:

Baden-Württemberg
Landesanstalt für Umweltschutz
Griesbachstr. 1
76185 Karlsruhe
(Übernahme d. Aufgaben d. früheren Staatl. Vogelschutzwarte)

Bayern:
Gsteigstr. 43
82467 Garmisch- Partenkirchen

Brandenburg:
Rietzer See
14778 Schenkenberg

Bremen:
Hanseatenhof 5
28195 Bremen

Berlin:
Am Köllnischen Park
10173 Berlin

Hamburg:
Steindamm 22
20099 Hamburg

Hessen, Rheinland-Pfalz, Saarland:
Steinauer Str. 44
60386 Frankfurt

Niedersachsen:
Scharnhorststr. 1
30175 Hannover

Nordrhein-Westfalen:
Leibnitzstr.10
45659 Recklinghausen

Mecklenburg-Vorpommern:
Wampener Str.
17498 Neuenkirchen

Schleswig-Holstein:
Olshausenstr. 40-60
24118 Kiel

Sachsen:
Park 4
02699 Neschwitz

Sachsen-Anhalt:
Zerbster Str. 7
39264 Steckby

Thüringen:
Lindenhof 3
99998 Seebach

Vogelwarten:

Vogelwarte Hiddensee
Am Hochland 17
18565 Kloster/Hiddensee

Vogelwarte Helgoland
An der Vogelwarte 21
26386 Wilhelmshaven

Schweizerische Vogelwarte
CH - 6204 Sempach

Vogelwarte Radolfzell
Am Obstberg 1
78315 Radolfzell

Dokumentationsstelle
für seltene Vogelarten
Baden-Württemberg
Dr. Jochen Hölzinger
Wasenstr. 7/1
71686 Remseck

Vogelmuseen:

Norddeutsches Vogelmuseum
Bördestr. 42
27711 Osterholz-Scharmbeck

Naumann-Museum
Schlossplatz 4
06366 Köthen

Nistkasten- und Vogelschutzmuseum
Alte Steige 6
88400 Biberach a.d. Riß – Ringschnait

Staatl. Museum für Naturkunde
Schloss Rosenstein
70173 Stuttgart

Museum Heineanum
Domplatz 37
38820 Halberstadt

Wenglein Natur- und Vogeleiermuseum
Museumstr. 1
91126 Schwabach

Hersteller und Bezug von Nisthilfen und Futtergeräten:

Fa. Matthäus Hahn
Pfettrach-Wiesenweg
84032 Altdorf

Fa. Bärbel Zeller
Riedboschweg 6
77815 Bühl

Fa. Erich Bernlöhr
Vogelschutzbau
Schillerstr. 17
74653 Künzelsau

Fa. Weinhardt
Gauchsdorfer Hauptstr. 17
91186 Büchenbach

Fa. Lorenz Heckelmann u. Söhne
Schlingenstr. 17
97705 Burkardroth-Waldfenster

Fa. Schwegler Vogel- und Naturschutzprodukte GmbH
Heinkelstr. 35
73614 Schorndorf

Fa. Dieter Iffert
Chausseestr. 19
17209 Rogeez

Fa. Rudolf Faulstich
Hauptstraße 14
93336 Altmannstein

Fa. Klaus Hasselfeldt
Dorlenschweg 1
25746 Heide

Nistkastenbau Mark Hermsen
Starenstr. 10
46459 Rees

Naturschutzbedarf
Pröhl/Strobel
Nitzschkaer Str. 29
04626 Schmölln-Kammer

Bantles Umweltservice
Kirchstr. 6
78727 Hochmössingen

Vivara
Steyler Str. 248
41334 Nettetal

Werkstätten der Lebensgemeinschaft e.V
Holzwerkstatt Sassen
36110 Schlitz-Sassen

7 Register

Greif- und Singvögel Mitteleuropas und ihre Lebensgewohnheiten

Vogelart	Standvogel	Strichvogel	Zugvogel	Höhlenbrüter	Nischenbrüter	Freibrüter	Annahme von Nistkästen
Fischadler			X			X	
Seeadler		X				X	
Schwarzmilan			X			X	
Rotmilan		X				X	
Rohrweihe			X			X	
Kornweihe		X				X	
Wiesenweihe			X			X	
Habicht	X					X	
Sperber	X					X	
Mäusebussard	X					X	
Turmfalke	X				X	X	X
Baumfalke			X			X	
Wanderfalke		X			X		X
Merlin		X				X	
Haselhuhn	X					X	
Birkhuhn	X					X	
Auerhuhn	X					X	
Rebhuhn	X					X	
Wachtel		X				X	
Fasan	X					X	
Hohltaube		X		X			X
Ringeltaube		X				X	
Türkentaube	X					X	
Turteltaube			X			X	
Kuckuck			X			X	
Waldohreule	X					X	
Sumpfohreule		X				X	
Waldkauz	X			X			X
Habichtskauz	X			X		X	X
Rauhfußkauz	X			X			X
Sperlingskauz	X			X			X
Uhu	X					X	
Zwergohreule			X	X			X
Steinkauz	X			X			X
Schleiereule	X				X		X
Mauersegler			X	X			X

Vogelart	Standvogel	Strichvogel	Zugvogel	Höhlenbrüter	Nischenbrüter	Freibrüter	Annahme von Nistkästen
Alpensegler			X	X			X
Ziegenmelker			X			X	
Eisvogel		X		X			X
Bienenfresser	X			X			
Blauracke			X	X			X
Wiedehopf			X	X			X
Wendehals			X	X			X
Grauspecht	X			X			
Grünspecht	X			X			
Schwarzspecht	X			X			
Buntspecht	X			X			
Mittelspecht	X			X			
Kleinspecht	X			X			
Dreizehenspecht	X			X			
Haubenlerche			X			X	
Feldlerche			X			X	
Heidelerche			X			X	
Uferschwalbe			X	X			
Rauchschwalbe			X		X		KS
Mehlschwalbe			X	X			KS
Wiesenpieper		X				X	
Baumpieper			X			X	
Bergpieper		X				X	
Schafstelze			X			X	
Gebirgsstelze		X			X		X
Bachstelze			X		X		X
Seidenschwanz		X				X	
Wasseramsel	X				X		X
Zaunkönig	X			X	X	X	X
Heckenbraunelle		X				X	
Rotkehlchen	X			X	X	X	X
Blaukehlchen			X			X	
Nachtigall			X			X	
Sprosser			X			X	
Grauschnäpper			X		X	X	X
Zwergschnäpper			X		X		X

Vogelart	Standvogel	Strichvogel	Zugvogel	Höhlenbrüter	Nischenbrüter	Freibrüter	Annahme von Nistkästen
Trauerschnäpper			X	X			X
Halsbandschnäpper			X	X			X
Hausrotschwanz			X		X		X
Gartenrotschwanz			X	X	X		X
Braunkehlchen			X			X	
Schwarzkehlchen			X			X	
Steinschmätzer			X	X	X		X
Misteldrossel			X			X	
Singdrossel			X			X	
Amsel	X				X	X	
Ringdrossel			X			X	
Wacholderdrossel		X				X	
Rotdrossel			X			X	
Feldschwirl			X			X	
Rohrschwirl			X			X	
Sumpfrohrsänger			X			X	
Teichrohrsänger			X			X	
Drosselrohrsänger			X			X	
Schilfrohrsänger			X			X	
Gelbspötter			X			X	
Mönchsgrasmücke			X			X	
Spergrasmücke			X			X	
Gartengrasmücke			X			X	
Dorngrasmücke			X			X	
Klappergrasmücke			X			X	
Berglaubsänger			X			X	
Waldlaubsänger			X			X	
Zilpzalp			X			X	
Fitis			X			X	
Wintergoldhähnchen		X				X	
Sommergoldhähnchen			X			X	
Bartmeise	X					X	
Schwanzmeise		X				X	
Sumpfmeise	X			X			X
Weidenmeise	X			X			X
Tannenmeise	X			X			X
Haubenmeise	X			X			X
Blaumeise	X			X			X
Kohlmeise	X			X			X

Vogelart	Standvogel	Strichvogel	Zugvogel	Höhlenbrüter	Nischenbrüter	Freibrüter	Annahme von Nistkästen
Kleiber	X			X			X
Mauerläufer	X				X		
Gartenbaumläufer	X			X			X
Waldbaumläufer	X			X			X
Beutelmeise		X				X	
Pirol			X			X	
Neuntöter			X			X	
Rotkopfwürger			X			X	
Raubwürger			X			X	
Eichelhäher	X					X	
Tannenhäher	X					X	
Elster	X					X	
Dohle		X		X	X	X	X
Alpendohle	X					X	
Kolkrabe	X					X	
Rabenkrähe	X					X	
Saatkrähe		X				X	
Star			X	X			X
Schneefink	X			X	X		
Haussperling	X			X	X		X
Feldsperling	X			X	X		X
Buchfink	X					X	
Bergfink		X				X	
Girlitz			X			X	
Grünling	X					X	
Stieglitz		X				X	
Erlenzeisig		X				X	
Birkenzeisig		X				X	
Hänfling		X				X	
Fichtenkreuzschnabel	X					X	
Gimpel	X					X	
Kernbeißer	X					X	
Schneeammer		X				X	
Goldammer			X			X	
Rohrammer		X				X	

KS = künstl. Schwalbennest